KB269608

타로카드의 탄생

타로카드의 탄생

아무도 알려주지 않았던
78장 카드의 숨겨진 이야기

동양북스

추천사

나는 16년째 마녀이자 타로 전문가로 활동 중이다. 나 자신과 가족, 친구들을 위해 카드를 리딩해주다가 7년 전부터는 직업으로 삼아 다른 사람들을 위해서도 카드를 해석해주고 있다. 아마 모두가 겪었을 테지만, 처음에 각각의 카드가 지닌 의미와 에너지를 배우는 게 얼마나 힘들었는지 모른다. 그래서 내가 타로와의 여정을 시작했을 때 이 책이 있었다면 얼마나 좋았을까 싶다.

저자 앨리슨 데이비스의 천부적인 스토리텔링 재능이 발휘된 이 책은 타로의 여정을 훨씬 수월하게 시작할 수 있도록 우리에게 새로운 길을 열어준다. 각 카드에 관한 짧은 이야기를 차례차례 들음으로써 사전 지식이나 경험에 구애받지 않고 모두가 타로에 쉽게 접근할 수 있다. 이 책은 완벽한 시작 지점을 제공하여 타로 여정을 떠나려는 자들에게 더없이 완벽하고, 더 경험 많은 점술사들의 실력을 살찌우고 계발하여 관련 지식을 확장하는 데 분명 도움이 된다. 나 또한 경력이 16년이나 되는데도 이 책 덕분에 카드에 대한 이해도가 더욱 깊어졌다. 그녀의 마법처럼 모든 말은 각각의 이야기가 되어 카드 한장 한장의 근원적 의미를 엮어나갔다.

이 책의 핵심을 들여다보면 타로 덱에 속한 카드들의 의미가 서로 무관하지 않다는 것을 알 수 있다. 카드들은 함께 어우러질 때 그 의미가 훨씬 잘 이해되는데, 이 책은 그걸 기가 막히게 해낸다. 책에서 펼쳐지는 이야기는 점술가가 각 카드의 중추적 의미들을 서로 연결시켜 기억한 다음 그 정보를 흡수하는 데 도움을 준다. 메이저 아르카나 22장의 카드에서 우리는 광대의 여정을 따라간다. 마이너 아르카나 56장의 카드에서는 소드, 완드, 컵, 펜타클의 각기 다른 여정을 따라가는데, 각 카드가 의미하는 바뿐만 아니라 각 카드가 속한 슈트 내에서의 위치 또한 더욱 깊이 이해할 수 있다. 앨리슨은 우리로 하여금 각 카드가 큰 퍼즐에 속한 하나의 작은 조각이며, 그 조각들을 조립하면 인생의 여러 영역을 더욱 깊게 통찰할 수 있다는 점을 알려준다.

새내기 점술가들이나 현역 점술가들 모두에게 『타로카드의 탄생』을 적극 추천한다. 각자 가장 좋아하는 따뜻한 음료를 준비하고 마음 편한 곳을 찾은 뒤 책 속 이야기에 흠뻑 빠져보시길.

사랑을 담아,
린지 X
(숲속 마녀)

들어가는 글

아름답고 유혹적이며 미스터리가 가득한 타로는 평범한 플레잉 카드와 다를 바 없어 보이지만 그보다 훨씬 많은 것을 담고 있다. 분명 유사점은 존재한다. 가령, 컵·펜타클·완드·소드에 속한 각각의 슈트는 플레잉 카드의 하트·다이아몬드·클로버·하트와 부합한다. 하지만 이 알록달록한 카드 덱에 마음을 빼앗기게 되는 건 결국 뚜렷한 차이점이 있기 때문이다.

플레잉 카드와 달리 타로카드는 아르카나라고 불리는 두 가지 섹션으로 이루어져 있다. 메이저 아르카나는 독립적인 그림 카드 배열로 구성되어 있고, 마이너 아르카나는 모든 슈트를 포함한다. 두 아르카나를 합하면 총 78장이 되는데 이를 무수한 방식으로 사용할 수 있다. 전통적으로 타로는 점술 도구로 여겨져, 카드를 무작위로 고른 다음 다르게 펼쳐서 미래를 예견했다. 듣기에는 간단해 보일지 몰라도 어떤 운명이 기다리고 있는지를 점치는 것 외에도 타로 해석에는 다양한 양상이 있다. 수년에 걸쳐 타로 해석은 발전을 거듭하면서 과거와 현재에 대한 통찰이라든가 영적인 조언, 심지어 대책 제안 같은 측면까지 포괄하게 되었다. 카드는 흔히 문제 해결 도구로 이용되었지만 가장 단순한 방식으로는 영감을 얻거나 반추하는 데 쓰이기도 했다. 타로가 우리 영혼의 내밀한 곳과 소통하는 건 당연한 일이다. 평생에 걸친 열광적인 팬이든 조용한 예비 팬이든 이 카드가 지닌 매력을 부인할 수는 없을 것이다. 마음에 와 닿는 강력한 이미지, 그리고 이미지와 마찬가지로 강력하면서 쉽게 분간되는 주제 덕분에 신비주의자나 회의론자 모두 그 매력에 동의한다.

처음 보면 복잡한 그림이 눈에 들어올 것이다. 대부분의 카드 덱은 알록달록하고 색채가 선명해서 눈길을 끈다. 그 때문에 눈이 즐겁고, 혹시 카드 덱을 창의적으로 사용하고 싶은 경우에는 영감이 되어주기도 한다. 조금만 자세히 보면 카드의 핵심과 교감하게 된다. 세심하게 공을 들여 그려진 이미지 하나하나에는 그 이미지의 진정한 본질을 이해하는 데 도움이 될 만한 기호와 상징이 다수 내포되어 있다.

카드들을 제대로 놓으면 펼쳐지는 이야기가 보일 것이다. 그 이야기는 카드의 의미에 다가가는 데 도움을 줄 뿐만 아니라 우리가 동일시할 수 있는 무언가가 되기도 한다. 타로는 우리 모두가 목격했거나 맞닥뜨렸던 문제와 경험을 다루기 때문이다. 따라서 어떤 다른 세상의 도구나 주술적 신비라기보다 모두가 이해할 수 있는 실체로 여겨지는 경우가 많다. 타로카드는 세상을 밝히고 깨우치게 해주는 선물인 셈인데, 그 발상은 어디서 유래한 걸까?

타로의 기원

학자들 대부분은 타로가 1430년대 이탈리아에서 대중적인 실내 게임으로 창안되었다는 데 의견을 모으고 있다. 전형적인 플레잉 카드처럼 모양별로 네 개의 슈트를 가지고 있지만 '트리온피Trionfi'라고 불리는 21장의 카드가 추가로 있었다. 그리고 '일 마토il matto'라 불리는 특별한 카드 한 장이 있었는데 이는 '광대The Fool'을 의미했다. 이 카드는 인간, 동물, 로마 개선 행렬을 재현한 다채로운 그림들로 꾸며져 있었고, 네 가지 슈트의 카드들보다 더 강력한 것으로 여겨졌다. 최초의 타로 덱은 밀라노 공작 필리포 비스콘티와 그의 사위 프란체스코 스포르차가 1425년에 의뢰한 것으로 알려져 있다. '비스콘티-스포르차 덱'이라 명명된 이 아름다운 덱은 한장 한장 손으로 채색한 카드였다. 수년에 걸쳐 타로는 유럽 전역으로 퍼졌고 세계 구석구석까지 미치면서 인기가 많아지고 영적 의미가 커졌다. 세계에서 영향력이 가장 크며 현대 타로카드가 견본으로 삼는 덱은 황금새벽회의 두 회원, 신비주의자이자 영적 탐구자인 A.E. 웨이트와 신통력 있는 화가 퍼멜라 콜먼 스미스가 만든 덱이다. 두 사람은 이집트의 상징과 기독교의 상징을 이용한 이미지에 점성학적 속성을 더하여 이 책에 실린 카드 덱을 제작했다. 그 당시 스미스 대신 출판업자 이름 라이더가 들어갔지만 이후 스미스의 이름이 제자리를 찾으면서 현재는 '라이더-웨이트-스미스 덱'으로 알려져 있다.

이 책을 활용하는 방법

꾸준히 타로점을 봐주는 사람이든 타로점이 처음인 사람이든 때때로 카드가 어느 때든 우연히 뽑혀서는 당신과 당신의 인생에 대한 묘한 통찰을 알려줄 때가 있을 것이다. 가장 좋아하는 책을 집어든 다음 책장이 펼쳐지게 내버려둘 때처럼, 타로도 한 번에 한 챕터씩 보여주며 당신의 선택에 따른 잠재적 결과를 보여준다. 타로는 매일 매일을 최대한 즐기는 데 도움이 되도록 설계된 청사진 같은 것이다.

이 책은 카드의 이미지들과 교감하고 라이더-웨이트-스미스 덱에 근거하여 그 안에 숨은 주제들을 해석하게 도와주는 지침서다. 타로카드에 숨은 이야기들을 읽음으로써 그 의미를 이해하게 될 뿐만 아니라, 해당 카드가 더욱 큰 흐름에서 차지하는 위치는 어디인지 알게 될 것이다. 그 카드가 특정 슈트에 속하든지 메이저 아르카나 광대의 여정에 속하든지 말이다. 그리고 이야기를 당신의 인생에 적용해서 운명의 격동을 헤쳐나가는 데 활용할 수 있을 것이다. 이야기는 세상을 이해하는 데 도움을 주는 도구로 오랫동안 활용되었는데, 그로써 우리는 경험을 객관화하고 다양한 관점을 기를 수 있었다. 이야기는 기억에 오래 남고 떠올리기 쉽기 때문에 정보를 보유하는 데 도움을 준다. 따라서 타로의 배경 이야기는 리딩을 할 때 각 카드의 의미를 기억하는 데도 도움이 될 것이다.

이 책을 어떻게 활용할 것인가는 당신에게 달려 있다. 자신도 모르게 메이저 아르카나에 마음이 끌려 이 카드들에 대해 먼저 알고 싶을 수도 있고, 공감 가는 특정 슈트에 마음이 끌릴 수도 있을 것이다. 이 책을 어디서부터 읽을지보다는 이야기를 어디서부터 시작할 것인가가 중요하다. 긴 이야기 하나하나를 처음부터 끝까지 논리적으로 읽어나가면 메이저 아르카나와 마이너 아르카나 각 슈트에 대한 전반적인 느낌을 파악하는 데 도움이 될 것이다. 해당 카드가 이야기의 어디에 위치하는지를 알면 카드의 의미를 더욱 잘 이해할 수 있을 것이고, 인접한 카드들의 이야기를 서로 연결시킨다면 리딩 중에 그 카드들까지도 해석할 수 있게 될 것이다. 기억을 되살리거나 더 깊은 수준으로 연결시키고 싶을 때는 특정 카드로 돌아가 그 카드만 보면 된다.

이야기들은 고정불변이 아니므로 모든 타로 리더들에게는 이야기를 어떻게 펼칠지 자신만의 아이디어가 있을 수 있다. 내러티브의 캐릭터와 플롯은 다를지 몰라도 분위기와 핵심 개념은 같다. 이 책을 처음부터 끝까지 다 읽고 나면 자신만의 타로 이야기를 만들어서 카드에 대한 이해도를 높이고 싶어질 수도 있다. 그래도 괜찮다. 타로는 당신의 상상력을 자극하여 전에 없던 창의적인 방식으로 표현할 수 있게 도움을 주는 대단한 도구이기 때문이다.

책 맨 뒤에 소개된 유용한 참고도서들도 타로카드를 심도 있게 공부하는 데 도움이 된다. 타로의 점술 세계를 파고들 때 잊지 말아야 할 가장 중요한 점은 메이저 아르카나에서 광대의 여정과 마찬가지로 개인적인 여정이란 것이다. 각 카드에 대한 경험은 당신이 고유한 존재인 것처럼 고유하다. 타로 뒤에 숨은 이야기를 음미하고, 되새김질하고, 한껏 즐기길 바란다.

THE FOOL.

THE MAGICIAN.

THE HIGH PRIESTESS

THE EMPRESS.

THE EMPEROR.

THE HIEROPHANT

THE LOVERS.

THE CHARIOT.

STRENGTH.

THE HERMIT.

WHEEL of FORTUNE

JUSTICE .

THE HANGED MAN.

DEATH .

TEMPERANCE.

THE DEVIL.

THE TOWER.

THE STAR.

THE MOON.

THE SUN.

JUDGEMENT.

THE WORLD.

메이저 아르카나
The Major Arcana

메이저 아르카나는 타로 팩에 포함된 스물 두 장의 독립적인 카드로, 슈트처럼 특정한 한 가지 주제가 아닌 인생의 여정과 삶의 순환을 다룬다. 그중 번호가 없는 유일한 카드가 바로 광대(THE FOOL)다. 그 뒤로 이어지는 카드 한장한장이 주인공 광대의 이야기를 순서대로 들려준다.

강력한 이미지와 카르마적 교훈이 담긴 이 카드들은 우리에게 격한 공감을 불러일으켜 고질적인 공포와 욕망을 다스리는 데 도움을 준다. 그리고 의미심장한 질문을 던지며 우리의 참모습을 돌이켜보고 진정한 인생 목표를 확립할 수 있게 해준다. 또한 살면서 직면하는 크나큰 변화들, 인생을 완전히 뒤집어 놓거나 인생의 두 번째 기회를 줄지 모를 일들도 묘사한다. 다시 말해 카드는 살다 보면 흔히 겪게 되는 것들, 사랑과 상실, 행운과 인생의 부침을 다룬다.

예상치 못한 결과가 나올까 두려워서 메이저 아르카나를 꺼리는 이들도 있겠지만, 메이저 아르카나는 마법을 부려 당신의 가장 간절한 꿈을 실현시켜줄 잠재력을 이끌어낸다. 리딩 중에 메이저 아르카나가 불쑥 나온다면 주의를 기울일 것. 중요한 교훈을 얻고 그 안의 주제들을 되새기라는 부름을 받은 것이기 때문이다. 어쩌면 당신이 이미 특정 문제를 인지하고 있다는 뜻일 수도 있고, 당신이 안내 받을 필요가 있다는 뜻일 수도 있다. 그럼 나머지 인접 카드들이 당신에게 올바른 방향을 알려줄 것이다.

살다 보면 이런저런 일을 결정해야 할 때가 있기 마련인데, 그럴 때 메이저 아르카나가 도움을 줄 것이다. 광대의 여정을 읽고 나면 각 카드의 의미와 당신이 고민해야 할 영역에 대해 더욱 깊이 이해하게 될 것이다.

THE FOOL.

0 광대 THE FOOL

주제 : 새로운 시작, 아이 같은 경이감, 천진함, 즉흥성

옛날 옛적에 한 광대가 살고 있었습니다. 그 어린 소년은 자신만만하였으며 가슴속에 꿈을 품고 있었습니다. 어찌나 기쁨이 충만했던지 소년은 꿈속을 거닐듯 하루하루를 살았습니다. 누군가는 머리에 헛바람만 들었다고 할지 모르겠지만, 그건 틀린 말이었습니다. 광대는 모든 것을 오감으로 느끼고 인생을 자연스레 살아가는 지혜를 알고 있었습니다. 아직 배울 게 많은 것도 사실이지만, 소년이 누군가에게 가르쳐줄 것도 많았습니다. 어리석은 자로서 여기저기 떠돌아다니며 자유롭고 열린 마음으로 세상을 맞이했고, 덕분에 주변과 온전히 교감할 수 있었습니다.

광대의 옷차림은 화려했습니다. 밝은 색상에 예술적 감각이 가미

된 옷을 입고, 손에는 젊은 순수함의 상징인 하얀 꽃을 들고 다녔습니다. 일부러 꾸며낸 것이 아닌, 무엇 하나 숨김 없는 소년 그 자체의 모습이었습니다.

세상사에 밝지 못한 소년은 이제 막 시작하려는 영적인 여정 앞에서 있었습니다. 그는 미지의 세계로 도약하게 될 최적의 순간을 매우 들뜬 마음으로 기다리고 있었습니다. 소년을 아는 이들은 그를 '꿈꾸는 자'라고 말했고, 모르는 이들은 두려움 때문에 망설이고 있는 거라고 했지만 사실은 그 반대였습니다. 광대는 용감하고 대범했으며, 위험을 무릅쓸 각오가 되어 있는 즉흥적인 사람이었습니다.

그는 단출하게 짐을 싸서 여정에 나서기로 했습니다. 짐은 불필요한 속박일 뿐이었습니다. 마음속에 어떤 선입견이나 기대 없이 소년은 모험으로 가득 채워질 빈 책과 같았습니다. 자그마하고 하얀 개 한 마리가 유일한 동반자였습니다. 그의 여행길을 배웅하기 위해 따라 나올 믿음직하고 충직한 친구였습니다.

이 여정에 광대가 계획한 것은 없었습니다. 어떻게 미래를 미리 준비할 수 있겠어요? 무조건적인 믿음이 그를 지켜주기를, 우연한 만남에 그저 행운이 따르기를 바랐습니다. 그에게는 간교한 속임수 없이 그저 만나는 이들에게 전염될 만큼 낙천적인 태도만이 있었습니다. 그는 늘 장난기가 많았고, 어디서나 재미를 찾아낼 줄 알았습니다. 그로 인해 평판을 얻게 되어 '광대'라 불리게 된 것입니다.

눈부시게 아름다운 어느 여름날, 광대는 사랑하는 지인들 모두와 작별 인사를 했습니다. 오늘은 새로운 시작에 꼭 알맞은 날이었습니다. 그는 아주 사소한 이때의 기분에 이끌려 여정을 단행하기로 마음먹었습니다. 어깨에 작은 배낭을 메고 세상 밖으로 나섰습니다. 결의에 찬 얼굴로 성큼성큼 걸으며 공기를 들이마시고는 폐 속 깊숙이 채웠습니다. 하늘을 올려다보며 양 볼을 감싸오는 온기에 기뻐했습니다. 마치 신에게 바치기라도 하듯 흰 꽃을 높이 쳐들고 한발 한발 걸어나갔습니다.

그에게 여정은 마치 춤이자 하나의 공연 같았습니다. 매 순간을 즐기는 그의 걸음은 심장 박동과 딱 맞아떨어지는 리듬이 되고, 이내 속도가 빨라졌습니다. 등 뒤로 우뚝 솟은 산들이 다른 사람의 눈에는 불길한 징조처럼 보였겠지만 광대에게는 그렇지 않았습니다. 순간의 열정에 제대로 사로잡혀 다른 것은 전혀 보이지 않았기 때문입니다. 옆에 있던 자그마한 개도 신이 나서는 요란하게 짖으며 함께 달렸습니다. 광대의 열의에 따라갈 수 있는 유일한 존재였습니다.

둘 다 춤을 추듯 홀려 있어서, 절벽 끄트머리가 점점 가까워지고 있는 것도 전혀 알아차리지 못했습니다. 광대는 세상의 종말이자 자신의 종말이 될 수도 있는 가파른 낭떠러지를 보지 못하고 오히려 만면에 환한 미소를 띤 채 벼랑 쪽으로 씩씩하게 나아갔습니다.

'나는 자유롭다! 나는 신난다! 그리고 기분이 아주 좋아. 영적 탐구여, 시작되라!'

그의 머릿속에 마치 주문처럼 울려 퍼졌습니다. 그 말의 잠재력은 마법이 되어 그의 몸을 들어올렸습니다. 광대는 눈을 감고 허공에 떠올랐습니다. 산들바람에 유유히 날리는 깃털처럼 높이 떠올라 꿈을 그대로 간직한 채 멀리 날아갔습니다.

이 광경을 보았다면 누구라도 마법이 펼쳐졌다고 말했을 것입니다. 어쩌면 정말이었을지도 모릅니다. 광대의 영혼 깊숙한 곳에는 본인도 미처 몰랐던 능력이 숨어 있었으니까요. 그는 자신의 힘을 알지 못한 채 우주의 비밀이 기다리는 꿈의 땅에 있었습니다. 바람이 거세게 불었지만 눈을 뜨지 않았습니다. 모든 것이 제자리에 놓이고 다시 발을 디뎌 앞으로 나아갈 수 있을 것이라는 절대적인 믿음이 있었기 때문입니다.

마침내 바람이 잦아들고 광대의 발이 땅에 닿았습니다. 깊은 숨을 고르고 눈을 떠보니, 새로 보이는 풍경에는 무한한 가능성이 펼쳐져 있었습니다. 고향도 산도 사라진 그곳은 모든 것이 새로웠습니다.

그의 여정이 마침내 시작되었습니다!

광대 카드는 새로운 주기나 여정의 시작을 나타냅니다.
고개를 꼿꼿이 들고 미래를 향해 당당하게 나아가세요!

I
THE MAGICIAN.

1 마법사 THE MAGICIAN

새로운 세상에 도착해서 가장 먼저 만난 사람은 마법사였습니다. 광대가 몸에 균형을 잡고 사물을 제대로 알아보기까지는 잠시 시간이 필요했습니다. 눈을 가늘게 떠보니 광활한 모래벌판이 보였습니다. 홀로 길을 잃은 나그네가 된 것 같았지만 개의치 않았습니다. 오히려 다음 행보는 어디로 이어질지 궁금했습니다. '나는 무엇을 바라고, 무엇을 만들어내고 싶은 걸까?' 그것이 바로 아무것도 없는 드넓은 이곳에 서 있는 이유임이 분명했습니다.

사방을 둘러보니 보이는 거라고는 우뚝 솟아올라 새파란 하늘과 맞닿아 있는 새하얀 사막밖에 없었습니다. 그러다 이내 뭔가 이상한 일이 일어났습니다. 눈앞의 공기가 아지랑이처럼 흔들리며 빛나는 것입니다. 스르르 내리쬐는 햇살이 그의 눈을 잠깐 멀게 했고, 눈을 비비고 나니 어느새 광경이 바뀌었습니다.

새빨간 꽃과 초록빛 무성한 나뭇잎이 발을 휘감았고, 그가 쳐다볼 때마다 꽃과 나무는 더욱 자라났습니다. 마치 그의 시선이 촉매가 되어 이 기이한 현상을 일으킨 것 같았습니다. 앞에는 정체를 알 수 없는 물건들로 가득 놓인 테이블이 있었고, 테이블 뒤에는 눈을 뗄 수 없을 만큼 아주 고귀해 보이는 남자가 서 있었습니다.

남자는 순수함을 의미하는 순백색 로브를 입고 어깨에 핏빛 망토를 걸치고 있었습니다. 남자의 허리께를 단단히 조이고 있는 것은 자기 꼬리를 물고 있는 은빛 뱀이었습니다. 광대는 이것이 영생의 상징이자, 모든 인간이 거쳐 가는 끊임없는 순환의 상징인 것을 알았습니다.

이 순간 마치 두 사람 외에 아무것도 존재하지 않는 것처럼 침묵이 감돌았습니다. 이 강한 자의 기운에 끌어당겨지듯이 광대는 한 걸음 앞으로 나아갔습니다.

"당신은 누구신가요?"

"나는 마법사다. 나는 내 운명의 주인이며, 이것들은 내가 하는 일에 쓰는 도구들이다." 그의 시선이 테이블에 놓여 있는 컵, 펜타클(오각성), 소드(검), 완드(지팡이)로 향했습니다.

컵은 단순히 음료를 담는 용기가 아니었습니다. 그 컵에는 불로장생의 영약, 입술에 닿는 물 중에서 가장 깨끗하고 달콤한 물이 담겨 있었습니다. 반짝반짝 빛나는 금색 펜타클은 촉감이 부드러웠고, 물질적 부를 상징하는 흙에서 탄생한 것이었습니다. 예리한 날로 햇빛을 반사하고 있던 소드는 빠르면서도 부드럽게 검은 허공을 가를 수 있었습니다. 나무를 깎아 만든 화살 같은 완드는 새로운 아이디어를 불타오르게 하는 불꽃이었습니다. 광대는 마법사의 말이 무슨 뜻인지 마침내 이해했습니다. 이 도구들은 모든 창조물의 필수 원소인 물, 흙, 공기, 불이었습니다.

"이제 알겠습니다. 손에 닿는 이것들로 제 미래를 만들 수 있군요."

마법사는 미소를 짓더니 물 흐르듯 유려한 몸짓으로 한손은 하늘을 향해, 반대쪽 손은 땅을 향해 천천히 들어올렸습니다. 그의 모든 행동에는 분명한 의도가 있고, 아무렇게나 놓이는 물건이 없기에 누구도 의심이나 의문을 품을 수 없었습니다. 그에게는 혜안이 있었습니다.

광대는 마법사가 자신에게 무엇을 말하려 하는지 다시 이해하려고 했습니다. 그는 머리를 긁적이다가, 심호흡을 하고 찬 공기로 머리를 식혔습니다. 그리고 깨달았습니다. 떨어지는 지혜의 물방울을 담기 위해서는 컵처럼 되어야 한다는 것을. 진심으로 소통하려면 흙에서 탄생해 물질에 뿌리를 내린 펜타클처럼 되어야 한다는 것을. 정신을 자극하기 위해서는 날을 갈고 언제든 행동할 준비가 된 소드처럼 되어야 한다는 것을. 이해하기 위해서는 지식의 불길을 활활 타오르게 해줄 완드를 쥐어야 한다는 것을. 그 순간 진리가 그에게 다가왔고, 그는 마법사의 손이 가리키는 방향의 의미를 깨달았습니다.

"당신은 하늘을 가리키고 계십니다. 하늘은 우리 모두가 속해 있는 영혼 세계지요." 광대가 위를 쳐다보았다가 시선을 땅으로 떨구며 말했습니다. "또한 당신은 실체를 대표하는 땅과 물질 세계를 가리키고 계십니다. 우리는 하늘과 땅, 두 세계에 한 발씩 디디고 서 있으며, 살아가면서 균형을 찾는 것은 순전히 우리의 몫입니다.”

광대의 마음속에 가르침이 자리를 잡자 마법사는 고개를 끄덕였습니다. 잠시 후 광대가 하나 더 물었습니다.

“어째서 당신 목소리는 제 머릿속에서만 들리는 것입니까? 당신은 왜 제게 소리 내어 말씀해주시지 않는 거죠?”

비록 웃지는 않았지만 마법사는 이 질문을 재밌어하는 것 같았습니다. 아주 잠깐 그의 입술이 씰룩씰룩 움직였기 때문입니다.

마법사는 기품 있게 한 걸음 성큼 걸어 태양 위에 드리운 그늘처럼 광대를 슥 지나쳤습니다. 그가 갑자기 사라지자 광대는 모든 것을 이해하게 되었습니다. 마법사는 별개의 존재가 아닌, 곧 나 자신이었던 것입니다. 마법사는 광대가 성장하는 과정의 다음 단계였습니다.

“내가 당신이고, 당신이 나군요.” 광대가 의기양양하게 말했습니다. “당신은 내가 이룰 수 있는 모든 것이 겉으로 나타난 존재예요!”

이 깨달음이 광대를 사로잡자 그는 활짝 웃었습니다.

“제게는 실현하는 힘이 있어요. 제 손안에 네 가지 요소가 다 있어요.” 광대가 손가락을 튕기자 발밑의 꽃들이 늘어났습니다.

“제 현실을 구체화하려면 꿈과 목표가 반드시 영혼 세계와 물질 세계에 모두 뿌리를 내려야 해요.” 광대가 잠시 침묵했다가 다시 말했습니다. “이젠 알겠어요. 전 다음 과업에 나설 준비가 되었어요.”

광대의 선언 후 일순간 침묵이 찾아왔고, 또다시 경관이 완전히 바뀌었습니다. 눈 깜짝할 사이에 나뭇잎이 사라지고, 마법사의 도구도 몽땅 사라졌습니다. 발밑의 땅이 단단해지더니 사막은 온데간데

없었습니다. 주변 공기가 에너지로 진동했고, 광대는 본능적으로 머리를 감쌌습니다. 다가오고 있는 무언가는 그를 뼛속까지 흔들어놓을 힘을 지니고 있었습니다. 하늘은 캄캄해졌고, 그는 이상야릇하고 어스름한 빛 속에 던져졌습니다.

마법사는 당신에게 당신의 힘을 받아들이라고 합니다.
당신은 꿈을 실현시키는 데 필요한 모든 것을 가지고 있습니다.
이제는 발휘할 때입니다.

II
B
J
THE HIGH PRIESTESS

2 여사제 THE HIGH PRINSTESS

주제 : 신성한 여성성, 신성한 지식, 잠재의식, 직관

땅이 손짓하자 광대의 몸이 힘없이 무너지며 작은 공처럼 똘똘 뭉쳐지는 듯했습니다. 그가 눈을 감자 잠재의식의 문이 열렸습니다. 무슨 일이 일어나고 있는지 볼 수 없었지만, 내면으로 감지할 수 있었습니다. 희미한 빛이 점점 번져 생겨난 그늘이 자아성찰의 순간을 선사하자 광대는 내면을 들여다보았습니다. 마법사가 의식적으로 발휘하는 남성적인 힘을 나타내므로 반대로 균형을 맞춰줄 다른 힘이 필요하다는 것을 깨달았습니다. 침착하게 일어서서 천천히 눈을 뜨자 눈앞의 광경이 또 바뀌어 있었습니다.

석조사원으로 들어가는 입구가 보였습니다. 입구에는 아주 연한 파란색 로브를 걸친 아름다운 여인이 앉아 있었고, 여인의 뒤에는

그리스 여신 페르세포네와 지하세계의 연결을 상징하는 석류 무늬가 새겨진 베일이 걸려 있었습니다. 이내 광대는 이것이 잠재의식으로 들어가는 입구이며, 앞에 있는 존재는 신성한 여성적 에너지의 상징임을 깨달았습니다.

두 사람의 눈이 마주친 순간 영혼이 깊이 연결되어 마치 시간이 그대로 멈춘 것만 같았습니다. 호흡도, 심장박동도, 외마디 소리도, 움직임도 없었습니다. 여사제의 시선이 광대의 내면에 의문을 던졌습니다. '앞으로 나아가기 위해 인정해야 할 내 안의 숨겨진 부분은 무엇인가?'

여사제는 신성한 지식의 상징인 뿔 달린 왕관을 쓰고, 위대한 율법을 뜻하는 'TORA'라고 새겨진 두루마리를 쥔 채 조용히 앉아 있었습니다. 그녀가 평온한 기운을 뿜으며 광대에게 가까이 오라고 손짓하자, 그는 마치 온몸이 굳어버린 듯 저항할 수 없는 힘에 이끌렸습니다. 눈앞의 알 수 없는 존재와 이어지는 것 외에 어떤 저항이나 선택도 할 수 없었고, 마치 혼령처럼 미끄러지듯 춤추며 사원에 다가가는 듯했습니다.

광대는 잠자면서 꿈속을 표류하는 게 이런 걸까 생각했습니다. 점점 깊어지는 잠재의식의 늪에 굴복하는 것 외에는 아무것도 할 수 없는 걸까? 광대의 눈에는 지금의 광경이 현실보다는 꿈에 가깝게 보였습니다. 표정을 마음대로 지을 수 있었다면 아마 미소를 지었을 것입니다.

마침내 여사제와 대면하게 되자 광대는 그녀의 시선에 꼼짝없이 갇혔습니다. 여사제가 예리하게 그의 내면을 파고들어 마음을 읽고 있는 건 아닐까 생각했습니다. 그녀의 얼굴은 더없이 행복하고 평온하며, 희망차고 현명해 보였습니다. 광대는 이 기운을 그대로 받아들였습니다.

그녀가 서서히 고개를 돌리더니 처음에는 검은 기둥을, 그다음에는 흰 기둥을 바라보았습니다. 마치 광대에게 두 기둥의 차이를 알려주려는 것 같았습니다.

"모르겠습니다." 마침내 목소리가 나온다는 걸 알게 된 광대가 말했습니다.

"보아라." 그녀가 나긋이 말하고는 다시 한번 양쪽을 번갈아 보았습니다. 검은 기둥에는 '그분의 능력 안에서'를 뜻하는 Boaz(보아스)의 B가, 흰 기둥에는 '그분이 세우실 것'이라는 의미의 Jachin(야긴)을 나타내는 J가 새겨져 있었습니다. 한 쌍이면서 서로 대립하고, 다르면서도 같은 두 기둥은 함께 사원을 단단히 떠받치고 있어 그 중요성에 더함과 덜함이 없었습니다.

여사제의 지배력에서 풀려난 광대는 고개를 끄덕였습니다. 이제 그는 자유의지로 그녀 앞에 서 있었습니다. 그리고 내면의 사원에서 무엇을 찾게 될지 더는 의문을 품지 않았습니다. 남에게 숨길 수 있을지 몰라도 자신에게는 숨길 수 없는 어두운 비밀들. 마법을 완전히 익히려면 내면에서 작용하고 있는 명과 암, 남성과 여성 모두를 인정해야 했습니다.

잠시 후 광대는 여사제의 발치에 초승달이 자리한 것을 알아차렸습니다. 그 초승달은 이제껏 본 그 어떤 달보다 환하게 반짝였습니다.

"이건 무슨 뜻인가요?"라고 묻는 바로 그 순간 어떤 이미지가 떠올랐습니다.

그는 땅에 빛을 발하며 밤하늘에 휘영청 떠 있는 달을 보았습니다. 달에는 잠재력과 힘이 흘러넘쳤습니다. 잠시 후 달이 서서히 작아지더니 그믐달 모양으로 변했습니다. 그의 영혼도 기울어 마치 인생에서 더는 필요 없어진 것들이 사라지는 것 같았습니다. 달이 사라지자 그 또한 어둠에 흡수되어 새까맣고 부드러운 벨벳 밤하늘의 품에 안겼습니다. 서서히 달이 다시 모습을 드러내고, 곱고 가느다란 초승달은 둥근 보름달이 되었습니다. 그의 내면에 영감의 불꽃이 커지면서 아이디어가 샘솟고 창의력이 머리끝까지 차올랐습니다.

"이제 알겠어요." 그가 미소를 지었습니다. "달의 주기는 우리에게 영향을 미치고, 우리가 겪는 끊임없는 순환과 일치해요. 달의 에너지와 연결되어 도움을 받을 수 있지만, 오직 직관을 따라야만 하고요."

광대는 두 눈을 꼭 감고 자신의 몸을 살피며 심장 박동에 집중했습니다. 공기를 발바닥에서부터 끌어와 전신으로 흘려보내면서 호흡 하나하나에 열중했습니다. 긴장을 풀고 숨을 내뱉고는, 그 숨이 대기에 스며들게 했습니다. 호흡 리듬에 집중하면 집중할수록 그의 직관력이 강해졌습니다. 그러자 몸이 둥실 떠서 돌기둥 사이를 지나 사원 입구를 통과했습니다.

광대는 유유히 몸을 맡긴 채 고대의 신성한 지식이 있는 중앙 공간에 도착했습니다. 바로 광대의 잠재의식이 자리한 곳이자, 평생 갖게 될 모든 의문에 대한 모든 답을 찾을 수 있는 곳이었습니다. 그는 그곳에 잠시 머물며 편안함을 느끼고 다가올 깨달음에 마음을 열

어두었습니다. 이제 내면의 사원을 발견했으니 언제든 세상에서 벗어나 이곳에서 고독과 평화를 찾을 수 있음을 깨달았습니다. 이 생각만으로 크나큰 위안을 얻었습니다.

광대가 안전한 잠재의식 속에서 영원히 머물러야겠다는 생각이 들 즈음, 사방의 벽이 요란한 소리를 내며 무너졌습니다. 천장이 바닥으로 바뀌고 모든 것이 거꾸로 뒤집혔습니다.

여사제는 당신이 여성적 에너지를 받아들이도록 인도합니다.

당신의 직관을 믿고, 모든 답은 내면에 있다는 걸 명심하세요.

III
THE EMPRESS.

3 여황제 THE EMPRESS

광대는 혼란스러웠습니다. 그토록 순식간에 또 다른 곳으로 밀려 날 줄 몰랐기 때문입니다. 이제야 자신의 생각과 하나가 될 수 있는 장소를 발견했다고 생각했는데, 모든 게 바뀌어 사원도 사막도 사라지고 반짝이는 하늘과 작열하는 태양 대신 전보다 온화한 배경이 눈앞에 펼쳐졌습니다.

깃털 같은 하얀 구름이 머리 위에 둥둥 떠 있고, 발을 딛고 있는 바닥은 보드랍고 따뜻했습니다. 난데없이 잔디가 돋아나 사방에 깔렸고, 저 멀리 언덕과 계곡이 파문처럼 번지며 생겨났습니다. 땅은 파릇파릇하고 풍요로웠으며 토양은 비옥했습니다. 뒤를 돌아보니 광대는 어느새 야생화가 만발한 광대한 초원에 서 있었습니다. 자그마한 꽃봉오리와 꽃송이가 축축한 잔디 사이사이에 피어났습니다. 어여쁜 분홍색 꽃과 보석 같이 붉은 꽃, 노란 햇살 같은 꽃, 눈부신 파란 꽃이 발치에 옹기종기 모여들었습니다. 그 순간, 광대는 왕이 된 듯한 기분이 들었습니다. 뒤쪽으로는 짙푸르게 우거진 나무들이 우뚝 솟아 지붕을 만들며 숲을 이루었고, 그 아래로는 반짝반짝 빛나는 개울이 흘렀습니다.

'여기는 어디지?' 광대가 속으로 생각하자, 이에 대답하기라도 하듯 풍경이 심장 고동에 맞추어 진동했습니다. 마치 전에 와봤던 곳인 양, 이곳이 고향처럼 느껴지면서 긴장이 풀리고 아름다운 주변에 경탄했습니다.

곧이어 뒤에서 어떤 목소리가 들려왔습니다. 그 목소리는 땅에서 파생된 듯 부드럽고 온화했습니다.

"아들아."

광대가 몸을 휙 돌리자 그 목소리는 하나의 형상이 되었습니다. 그것은 땅에서부터 뒤섞여 풍만한 여인의 모습을 띠더니 방석 더미 위에 떡하니 앉아 있었습니다.

"어머니시여." 광대가 무심코 말했습니다. 그 단어는 광대의 혓바닥에서 똑 떨어져 둘 사이에 떠 있었습니다.

금발의 여인은 다산을 상징하는 석류 무늬로 장식된 로브를 입고, 왕국의 모든 것을 바라보는 관대한 여황제처럼 위엄 있는 모습을 하고 있었습니다. 존재만으로 사나운 폭풍을 가라앉히고 칠흑 같이 어두운 날에도 햇살을 몰고 올 수 있을 것 같은 평온한 분위기를 풍겼습니다. 그녀는 고요히 앉아 어떤 몸짓도 하지 않았습니다. 광대도 입을 열지 않았습니다. 여인의 시선을 받는 건 세상에서 가장 보드랍고 포근한 담요에 감싸이는 것과 같았기에, 그거면 족했습니다.

그 순간 광대는 전적으로 사랑과 보살핌을 받고 있는 느낌을 받았습니다. 그는 자신도 대지에 속해 있다는 걸 알아차렸습니다. 흙을 뚫고 나와 햇빛을 갈구하는 새싹처럼 그 역시 자연의 일부였습니다. 광대는 활력과 생기를, 모든 것과 연결되어 있는 것을 느꼈습니다.

여황제의 미소 한 번에 광대는 왜 잠재의식의 영역에 영원히 머무르면 안 되는지 이해했습니다. 주변 세상을 보고 느끼고 경험하는 것, 모든 감각을 총동원하여 자연 속에서 함께 움직이는 것도 여정의 목적이었기 때문입니다.

"만물에는 제 자리와 목적이 있는 법." 여황제가 속삭이듯 말했고 광대도 동의했습니다.

"균형을 이룬 만물."

바로 그때 여인의 왕관이 반짝이는 별들이라는 것을 알아차렸습니다. 별은 총 열두 개로 각각 1년 열두 달, 하늘의 행성을 나타냈습니다. 별은 우주 천체에 대한 찬양을, 그녀가 지나가는 계절과 하나로 연결되어 있음을 보여주는 수단이기도 했습니다. 광대는 단순히 뼈와 살로만 이루어진 존재가 아니었고, 그의 영혼은 우주에서 태어나 광대의 안에 흐르고 있는 것이었습니다.

광대는 여황제의 발치에 앉아 그녀를 우러러보았습니다. 여황제는 어머니이자 지도자로, 강인하고 세심한 기운을 지닌 존재였습니다. 광대는 이곳을 떠나고 싶지 않았습니다. 지금까지 배운 것은 무엇이며 앞으로의 여정에서 알아내야 할 것은 무엇인지 헤아리고, 한

숨 돌리며 재충전을 하고 싶었기 때문입니다. 이곳에는 모든 아이가 성장하는 데 필요한 마음의 양식과 안락함이 있었습니다. 시간이 어떻게 흘러가는지 모르는 별세계에서 몇 분인지, 몇 시간인지, 심지어 몇 주인지 모를 시간이 지난 후, 광대는 기운 내어 자리에서 일어났습니다.

"저는 가야만 해요. 발견해야 할 게 더 많이 있으니까요. 하지만 당신을 떠나기가 싫네요."

여황제는 미소를 지었습니다. "나는 결코 멀리 있지 않단다. 나는 늘 네 곁에 있어."

"그게 어떻게 가능하죠?"

"나는 네 얼굴에 입을 맞추는 부드러운 바람이고, 걸을 때 네 발을 어루만져주는 땅이란다. 또한 네 눈길을 끌어 달콤한 향기로 네 상상력을 사로잡는 꽃이기도 하지. 나는 대자연이기에 곧 만물이기도 하단다."

광대가 고개를 끄덕였습니다. "그러니까 제가 어딜 가든 거기엔 늘 당신이 있겠네요. 전 그냥 손만 뻗으면 되고요."

"그렇단다. 열과 성을 다하고, 모든 감각을 동원해서 닿으려고 하면 내가 느껴질 거야. 영혼에 양식이 필요하거나 치유와 용서가 필요할 때 내 힘에 연결하렴."

그리하여 광대는 여황제가 주는 안전과 안정을 버리고 미지의 세계로 모험을 떠나기 위해 다시 홀로 나섰습니다. 그는 풍경이 그를 새로운 곳으로 보내줄 때까지 기다리지 않고 주도적으로 숲으로 이어지는 길을 택했습니다. 발걸음 하나하나에 목적이 실렸고, 심호흡

한번 한번에 원기가 되살아났습니다. 그는 지금까지의 경험으로 성장한 사명을 띤 젊은이였습니다. 나아갈 길이 딱 하나뿐이었기에 그는 뒤돌아보지 않았습니다. 그의 모험은 이제 막 시작되었지만, 이미 안에서 변화가 일어나고 있었습니다.

"앞으로, 위로!" 광대가 힘차게 외쳤습니다.

여황제는 창의적인 시기를 나타냅니다.
당신의 관심사를 잘 보살피고 창의력을 흘러가는 대로 맡겨보세요.
어머니와 같은 존재가 도움을 줄 겁니다.

IV
THE EMPEROR.

4 황제 THE EMPEROR

광대가 멀리서 보았던 숲은 가까이서 보니 초목이 빽빽하고 나무가 끝도 없이 늘어서 있으며, 내부가 이끼로 뒤덮여 있고 어두컴컴한 밀림이었습니다. 평상시 두려움에 휘둘리지 않는 광대도 이곳은 왠지 정이 가지 않았습니다. 안으로 들어가면 위험에 처할 것만 같았습니다. 그럼에도 숲 반대편에 무엇이 있는지 알고 싶은 마음에 더듬더듬 앞으로 나아갔습니다. 발견된 유일한 경로로 나무들을 헤치고 천천히 걸어가는데, 길이 구불구불해서 마치 미로 속을 헤매는 것만 같았습니다.

이곳에 금지된 무언가가 있다는 직감을 따라야 했을지도 모르지만, 그는 마음속에서 꿈틀거리는 경고를 그냥 넘겨버렸습니다. 숲에 들어온 이상, 걸음을 내디딜 때마다 들려오는 바스락거리는 소리와 킁킁거리는 소리를 무시하는 것 외에 달리 방법이 없었습니다. 멀리서 날카롭게 울부짖는 소리가 들려오자 움찔한 광대는 더 빠르게 앞으로 나아갔습니다. 나뭇가지들이 피부를 할퀼 정도로 정신없이 나무 사이를 헤치며 달렸습니다. 너무 어두워서 앞이 전혀 보이지 않았습니다. 발이 돌멩이에 걸려 몸의 중심을 완전히 잃고 발목이 삔 그는 밀림 바닥을 데굴데굴 굴러 평평한 바닥처럼 느껴지는 어딘가에서 마침내 멈췄습니다.

위를 올려다본 광대는 거대한 석조 왕좌 덕분에 멈추었음을 알게 되었습니다. 왕좌에는 전사의 행성인 화성을 상징하는 네 마리 숫양의 머리가 장식되어 있었습니다. 새겨진 문구를 자세히 살펴보던 광대는 긴 흰 수염에 군왕에 걸맞은 외모를 지닌 한 노인이 커다란 왕좌에 앉아 자신을 관찰하고 있다는 것을 알아차렸습니다. 머리에 금관을 쓰고 있어서 그가 황제임을 즉각 알 수 있었습니다. 근엄한 표정을 짓고 있었지만 얼굴 주름 사이사이에 인자함과 배려가 짙게 새겨져 있었습니다.

일어나려던 광대는 발목이 아파 휘청거리는 바람에 흙무더기 위에 쭈그려 앉을 수밖에 없었습니다.

"어르신, 이렇게 마음대로 들어와서 죄송합니다."

"나는 황제로서 네게 값진 교훈을 가르쳐주려고 여기 왔느니라."
그의 목소리는 아주 오래된 떡갈나무처럼 힘차고 우렁찼습니다.

광대는 움찔하며 본능적으로 뒤로 물러났습니다. 황제는 아랑곳하지 않고 말을 이어갔습니다.

“네 직감은 이 숲에 들어오지 말라고 했건만, 너는 이곳이 보내는 경고를 무시한 채 기어이 오고야 말았다.” 황제가 가슴을 가볍게 두드렸습니다. “네 호기심 외에는 별 다른 생각 없이 말이야. 길을 잃으면 어찌 될지, 깊은 숲속에 무엇이 도사리고 있을지 넌 짐작해보지도 않았다.”

광대가 끄덕였습니다. “전 제가 원하는 것만 생각했습니다.”

황제가 몸을 앞으로 쑥 내밀었습니다. “그게 바로 네가 저지른 실수다. 인생에는 따라야 할 규칙이 있는 법이다. 그것들이 늘 마음에 들지는 않더라도 그 덕에 목숨을 부지하고 길을 잃지 않을 수 있느니라.” 황제는 잠시 말을 멈추고 먼 곳을 응시했습니다. “너는 네 직감을 믿으라는 배움을 얻지 않았느냐?”

광대는 땅을 바라보며 손끝으로 흙을 어루만졌습니다. 그러자 그를 달래주는 듯한 대지의 온기가 느껴졌습니다.

“맹목적으로 나아가지 않고, 제 본능이 하는 말을 믿고 귀를 기울여야 했습니다. 앞으로는 더 주의 깊게 생각하겠습니다.”

광대는 고개를 들고 황제를 보았습니다. 그의 한손에는 방어력과 힘을 상징하는 이집트 앙크 십자가가, 반대쪽 손에는 자신이 다스리는 이 세계를 나타내는 구체가 쥐어져 있었습니다. 갑자기 그 두 물체의 관계가 뚜렷해졌습니다. 황제는 권위적인 인물이지만 자식을 돌보며 자식이 잘 되길 바라는 아버지이기도 했습니다. 그의 엄격한 태도에는 타당한 이유가 있었습니다. 자신의 책임을 진지하게 받아들이고 도움이 필요한 이들에게 보호와 힘을 제공하고자 했기 때문입니다.

"살다 보면 너도 네 세상의 황제가 되어야 할 때가 있을 것이다. 너 자신과 다른 사람들까지 보호하기 위해서는 일정한 틀 안에서 움직이며 정해진 법을 따라야 한다. 때로는 광대처럼 충동적으로 앞뒤 재지 않고 행동해야 할 때도 있을 것이다. 순간순간 네가 어떤 존재가 되어야 하는지를 배워야 하느니라."

광대는 충고를 새겨들었습니다. 그토록 강렬한 존재에 매료될 수밖에 없었습니다. 그는 잠시 황제가 했던 이야기를 되새긴 후 주변을 둘러보았습니다. 석조 왕좌 뒤로 저 멀리 우뚝 솟은 거대한 산맥 하나가 있었습니다. 봉우리와 골이 붉은 하늘을 가로질러 들쭉날쭉한 무늬를 그려냈고, 아까 보았던 밀림은 사라지고 없었습니다. 황제의 로브 색과 밝은 배경이 어우러져 위대한 분위기와 강렬한 에너지를 드러냈습니다. 그는 무시할 수 없는 인물이었습니다.

광대는 천천히 일어나보았지만 여전히 발목이 아파 발에 체중을 실을 수 없어 휘청거렸습니다. 황제가 손을 내밀어 그를 잡아주었습니다.

"이제 가서 네 모험을 이어가거라."

광대는 고개를 끄덕였지만 다친 발목을 보면서 어떻게 저 산을 넘어야 하나 걱정이 되었습니다. 황제가 앙크 십자가로 광대의 발에 치유의 빛을 발사하자, 그 즉시 온기가 느껴지더니 힘줄이 낫고 근육은 다시 힘을 얻게 되었습니다.

"가거라, 몸조심하고. 내 말을 명심하도록. 네가 모든 걸 다 알고 있는 건 아니다. 그러니 남들의 가르침에 마음을 열어 두거라."

"어르신의 지혜로운 말씀을 따르겠습니다."

광대는 열의를 되찾았습니다. 전보다 훨씬 강해진 것 같은 기분이
들었고, 여정의 다음 단계로 나아갈 준비가 되었습니다.

황제는 권위를 발산합니다.
다른 이들에게 아버지 같은 존재가
되어 줄 수 있는 길이 무엇인지 고민해보세요.

V
THE HIEROPHANT

5 교황 THE HIEROPHANT

광대는 희망을 품고 열린 마음으로 여행을 계속했습니다. 자기 자신과 잠재력에 대해 많은 걸 배웠지만, 이 세상이 어떻게 돌아가는지 더욱 많은 것을 알고 싶었습니다. 결론을 내리기 전에 남들이 무엇을 믿고 있는지, 사물에 어떤 영적 질서가 있는 건 아닌지 알아야 했습니다. 가치관에 따라 살아야 할까? 만약 그렇다면 그 가치관은 누가 정하는 걸까? 아니면 자신만의 직관적 충동을 따르는 편이 더 나을까? 이런 문제들을 곰곰이 생각하면서 광대는 그 어느 때보다 높이, 멀리 올라갔습니다. 여행을 나선 지 며칠 지났지만 정확히 얼마나 되었는지는 알 수 없었습니다.

산맥이 험난해서 초보자에게 적합하지 않았지만, 광대는 신기하게도 길을 찾는 재주가 있었습니다. 그는 바위의 갈라진 틈을 발판 삼아 마침내 반대편에 도달했습니다. 저 아래 계곡에 건물들이 모여 있는 마을이 보이자, 분명 가르침을 줄 사람들이 있을 거라는 기대감에 마음이 들떴습니다.

광대는 바람을 느끼며 산을 기어 내려와 마침내 단단한 바닥에 닿았습니다. 바로 앞에 성문이 보였고 중앙 광장 쪽으로 나 있는 흰색 돌길을 따라갔습니다. 주민들이 한꺼번에 도망이라도 간 듯 광장은 텅 비어 있었습니다. 주변이 궁금하여 탐색을 시작한 그의 눈길을 가장 사로잡은 건물은 다른 구조물들보다 더 높이 솟아 있는 작고 하얀 사원이었습니다. 입구로 느릿느릿 올라가보니 입구 가까이에 세 사람이 모여 있었습니다.

가장 눈에 띄는 인물은 굵직한 두 기둥 가운데 놓인 화려한 장식의 왕좌에 앉아 있는 남자였습니다. 그 남자 발치에는 두 명이 고개를 숙이고 있었습니다. 두 사람은 돌바닥에 바짝 엎드려 양손을 마주 잡고 있는 것 같았습니다.

'이상하기도 하지! 저 사람들은 무얼 하고 있는 걸까? 예배, 아니 무슨 의식 같은 걸까?'

더 자세히 알고 싶어서 가까이 다가간 광대는 주춤했습니다. 방해하고 싶지 않았기 때문입니다. 모든 일에 무턱대고 뛰어들지 않는 것이 최선이라고 했던 황제의 지혜로운 말씀이 기억나 그는 한 걸음 뒤로 물러서서 지켜보았습니다. 삼중 왕관을 쓴 위엄 있는 남자가 다른 두 남자에게 안심과 위안의 말을 하는 동안 광대는 그 남자의 외양에 주목했습니다. 그는 삼중 왕관에 이어 로브도 파란색, 흰색, 빨간색

세 가지를 입고 있었습니다. 그가 다스리고 있는 세 가지 영역인 의식·무의식·초의식, 그러니까 모든 생각이 연결되는 포괄적인 영혼을 나타냈습니다. 광대는 존재의 세 가지 상태인 출생과 생애와 죽음, 또는 과거와 현재와 미래를 떠올렸습니다. 이 남자는 깊은 신앙심과 학식을 지닌 사람이 분명했기에 그의 가르침의 핵심이 무엇인지 알고 싶은 마음이 간절해졌습니다.

남자의 오른손이 발치에 있는 두 신봉자에게 축복을 내리기라도 하려는 듯 추어올려졌습니다. 하지만 자세히 살펴보니 손가락 두 개는 하늘과 영적 세계를 가리키고 있었고, 다른 두 개는 땅과 물질적 세계를 가리키고 있었습니다.

'아하! 양쪽 세계를 아우르며 각 세계의 은총을 두 사람에게 내리고 있구나. 이분이 바로 성스럽고 지혜로운 교황님, 훌륭한 것들을 가르쳐주실 현자가 틀림없어.'

그 순간 교황이 똑바로 앞을 응시하고 광대에게 말을 걸었습니다.

"이방인이여, 그대는 한동안 여기 머물면서 나의 가르침을 받고 가도 좋다. 나는 그대에게 종교와 전통을 가르쳐줄 수 있다. 고대의 진리를 밝혀줄 수도 있고 어떤 깨우침을 줄 수도 있지만, 최후의 선택은 그대에게 달렸다. 세상을 어떻게 볼지, 무엇을 믿을지, 전적으로 그대에게 달려 있느니라."

광대는 이 말을 마음속에 새기고 가르침을 받아들일 준비를 마쳤습니다. 그는 앞으로 걸어가 다른 추종자들처럼 한쪽 무릎을 꿇었습니다.

"제게 가르침을 주십시오, 스승님. 성실한 제자가 되겠습니다."

　그리하여 광대는 교황이 있는 곳에 수일간 머무르게 되었습니다. 교리 하나하나 열심히 공부하고 스승의 가르침에서 더욱 깊은 통찰을 얻었으며, 전통과 관련 있는 의식과 의례를 수행했습니다. 기도의 기술, 도움을 주고 치유할 수 있는 간단한 의식을 행하는 법을 새로이 알게 되었습니다. 광대의 수많은 질문에 교황은 언제나 기꺼이 대답해주고 각 원리에 관한 조언이나 이론을 알려주었습니다. 그 대가로 광대는 소박한 삶을 살았습니다. 사원 뒤편에 있는 돌로 지은 방에서 잠을 자고, 숙박비의 일환으로 식사를 준비하고 예배당을 청소하면서 교황을 모셨습니다.

　광대는 날마다 다른 기쁨을 발견하고 마음에 새길 만한 지혜를 배웠기 때문에 여행에서 느꼈던 흥분이 그립지 않았습니다. 그는 그동안 겪었던 모든 일을 떠올렸습니다. 마법사와 만났던 일, 여사제와의 만남, 너그러운 여황제의 모습을 한 어머니 자연과 보낸 시간, 훌륭한 황제에게서 권위와 규율을 배웠던 일까지.

　그러던 어느 날, 광대는 교황에게 이별을 고해야 한다는 걸 직감했습니다. 모험 내내 그랬던 것처럼 광대는 다시 길을 나서서 무슨 일이 펼쳐질지 알고 싶은 충동을 느꼈습니다.

　그는 배낭에 짐을 싼 다음 침묵의 시간을 보내고 지금까지 주어진 지식 하나하나에 감사 기도를 드렸습니다. 그러고 나서 하늘 높이 뜬 달이 땅 위에 그 빛을 발할 때 작별인사를 하고 돌길을 내려갔습니다. 작은 마을로부터 멀어져 저 머나먼 곳으로.

교황은 당신에게 영적 믿음에 열중하라고 말합니다.
신뢰할 수 있는 이들에게 지식과 지혜를 구하세요.

VI
THE LOVERS.

6 연인 THE LOVERS

깊은 밤 광대는 다음 날 새벽이 올 때까지 물결치듯 구릉을 이루는 골짜기의 꼬부랑길을 걸었습니다. 성큼성큼 우아한 발걸음을 내딛으며 머릿속으로 시간을 쟀습니다. 곁에 함께하는 인연이 없었기 때문에 혼잣말만이 유일한 길동무였습니다. 작고 하얀 개는 사라진 지 오래였습니다. 절벽에서 발을 뗀 순간, 오직 그만이 택할 수 있는 길이 되었기 때문입니다.

혼자 있는 자유로움도 사랑해 마지않았지만, 광대는 무언가 새로운 것에 대한 갈증을 느꼈습니다. 내면 어딘가에서 인간의 정을 간절히 원하고 있었습니다. 그는 다른 이들의 유대가 잘 와닿지 않았는데, 십중팔구 아직 그런 관계를 맺을 준비가 되어 있지 않았기 때문일 것입니다. 하지만 수개월 여행하고 나니 어떤 갈망이 마음속 깊이 자라난 듯했고, 이제 그도 준비가 되어 있었습니다.

태양이 금빛 온기로 하늘을 뒤덮은 때, 광대는 과일나무에 둘러싸인 아름다운 정원에 도착했습니다. 겉만 봐서는 거의 천상의 장소처럼 굉장히 멋졌습니다. 화려하고 눈부신 초록과 새빨간 산딸기, 꽃들이 뽐내는 온갖 색채와 마주했습니다. 불현듯 이곳을 마음껏 경험해보고 싶다는 충동, 아무것도 걸치지 않은 몸으로 생생한 햇살을 빨아들이고 싶다는 충동을 느꼈습니다.

광대는 옷을 홀딱 벗고 짐도 내려놓은 다음 얼굴을 들어올리고 두 눈을 꼭 감은 채 서 있었습니다. 이 순간에 온전히 몰입하자 마냥 행복했습니다! 평온함을 마음껏 즐기던 광대는 또 다른 누군가가 가까이 있다는 느낌에 천천히 주위를 둘러보았습니다.

옆에는 어떤 여인이 찬란한 빛을 발하며 서 있었습니다. 그녀 또한 지금 이 순간에 사로잡힌 것처럼, 이 멋진 곳에 있다는 즐거움에 푹 빠진 것 같았습니다. 여인의 긴 머리카락이 어깨 뒤로 넘어가 있어 몸의 굴곡과 근육이 모두 드러났습니다. 손을 뻗어 여인을 만지고 싶고, 여인의 보드라운 살갗이 품고 있는 여린 온기를 자신의 살갗으로 느끼고 싶었습니다. 이런 감정이 낯설었지만 이상하다는 생각은 들지 않았습니다. 전에는 경험해보지 못했던 설렘이었습니다.

여인 뒤편에는 제대로 익어 열매를 수확할 때가 된 사과나무가 보였습니다. 이 얼마나 멋진 선물이자 기쁜 일인가! 그곳에 느릿느릿 나뭇가지를 휘감고 있는 존재가 있다는 점만 빼면 정말 천국과 다름없었습니다. 그 존재는 은빛 가죽에 혀 끝이 갈라진, 아름다운 광경

한복판에서 불시에 그를 공격할 준비가 되어 있는 뱀이었습니다. 이 뱀을 전에 어디선가 본 적이 있던 광대는 머릿속 기억을 열심히 뒤적여 마침내 생각해냈습니다. 바로 에덴 동산과 아담과 이브의 이야기에서였습니다. 지금 그는 그 인상적인 이야기를 몸소 체험하게 되어 비슷한 선택의 기로에 놓였습니다.

그때 이글거리는 열기를 느껴 뒤를 돌아보니, 화염에 휩싸인 나무가 있었습니다. 명멸하는 덩굴 모양의 불길이 오렌지색 나뭇잎처럼 가지에서부터 뻗어 있었습니다. 광대는 그중 하나에 손을 대어 뜨거운 열기를 느껴보고 싶었지만, 어리석고 욕정에 치우진 생각이었습니다.

광대는 지금 이것이 두 갈래 길 중에서의 선택, 제때 올바른 결정을 내리는 것에 관한 배움이라는 걸 깨달았습니다. 저 불꽃을 잡을 것인가, 아니면 그냥 내버려둘 것인가? 이 행동은 어떤 결과를 초래할 것인가? 욕망에 사로잡혀 이 여인과 사랑의 합일을 이룰 것인가, 아니면 외면하고 다른 길을 택할 것인가? 가슴이 머리를 지배하게 될까, 아니면 좀 더 이성적인 선택을 하게 될까?

광대는 무엇이 옳은지 어떻게 알 수 있는 걸까 궁금했습니다. 사랑 자체가 좋은 건 분명하지만, 세상에는 경험할 수 있는 사랑의 종류가 많았기 때문입니다.

이 조용한 의문에 응답이라도 하듯, 아까부터 머리 위로 점점 몰려든 구름 속에서 천사가 나타났습니다. 광대는 숨을 죽였습니다. 그토록 장엄한 존재를 난생처음 보았기 때문입니다. 끝없이 펼쳐진 듯한 거대하고 새빨간 날개를 단 천사가 미광을 발하고 있었습니다.

심호흡을 한 광대가 물었습니다. "제게 올바른 선택이 무엇인지 어떻게 알 수 있습니까?"

천사가 곧바로 대답해주지 않았지만 광대는 갑자기 이해되는 것 같은 느낌을 받았습니다. 아까의 혼란스러움은 사라지고 가슴 속에는 불안감을 없애주는 온기만 남았습니다.

'모든 건 사랑으로 시작해서 사랑으로 끝나. 선택할 때마다 사랑을 담는다면 그게 옳은 선택이 되는 거야. 내 마음에 귀를 기울이고 나 자신을 사랑하는 것이 정답이야. 그 선택으로 인해 내가 새로운 길을 가게 될지라도, 나는 나 자신에게 충실해야만 해.'

광대는 두 팔을 활짝 벌려 지금 느끼는 감정을 온전히 받아들였습니다. 그 순간 세상에는 수많은 형태의 사랑이 있음을 깨달았습니다. 육체적인 사랑부터 두 사람 사이의 사랑, 자기 자신에 대한 사랑, 영적인 사랑까지. 그 모든 사랑이 그를 기다리고 있었습니다.

눈부신 햇살이 차츰 연한 황색 빛으로 바래더니 밤이 슬며시 다가왔습니다. 이 천국 같은 곳을 떠나 다시 여정을 떠날 때가 되었습니다. 광대는 그 어느 때보다 훌쩍 자라 있었습니다. 육체가 발달하여 자신감이 생기고 의지가 강해졌고, 가슴 속에 존재하는 희열과 이해심은 더욱 깊어졌습니다. 그는 사랑이 주는 신성한 기쁨에 대해, 이 감정에 탐닉한다는 것이 무엇인지에 대해 어느 정도 알게 되었습니다. 자신의 운명을 주도하고 그때그때 느끼는 감정을 토대로 결정을 내렸습니다. 예전이었다면 운명에 결정을 맡겼을 텐데, 이제는 광대가 주도적으로 자기 인생을 움직이게 된 것입니다.

광대는 어떤 난관이든 맞설 준비를 마치고, 동산을 뒤로하고 떠났습니다. 그는 뒤돌아보지 않았습니다. 생각이 온통 미래로 향해 있었고 후회가 전혀 없었기 때문입니다. 그는 이 길을 떠나기로 선택을 했습니다. 그것만 알면 그만이었습니다.

연인 카드는 당신의 마음이 사랑에 사로잡혔다는 것을 보여줍니다. 결정을 내려야만 합니다. 마음을 열고 가슴이 시키는 대로 하세요.

VII
THE CHARIOT.

7 전자 THE CHARIOT

주제 : 의지력, 의도적 행동, 통제, 투지

광대는 여정을 시작한 이래 피로를 느낀 적이 없었습니다. 걸음을 내디딜 때마다 힘이 솟고 앞으로 나아갈 동력이 생겼습니다. 활력에 고취되어 바위투성이의 힘든 지대를 지날 때조차 발이 가볍게 튀어 올라 완벽한 지점에 착지하곤 했습니다. 어떤 이는 신이 그의 편을 들어주니까 그런 거라고 말할지 모르지만, 광대는 앞으로 나아가고자 하는 투지가 마음속 심지와 그동안의 경험에서 비롯된 것임을 알고 있었습니다. 길을 걷는 과정은 목적지에 도달하는 것 못지않게 중요했습니다. 그 과정 속에서 자신을 발견할 수 있기 때문입니다.

길가에서 버려진 전차를 우연히 발견했을 때, 광대는 자신의 행운을 믿을 수가 없었습니다. 보란 듯이 놓여 있는 게 마치 운명이 그의 편에 서 있는 것 같았습니다. 멋있고 고급스러운, 왕이 탈 법한 종류의 전차였습니다. 지붕에서부터 별무늬 덮개 천이 늘어뜨려진 전차는 마치 천상의 선물 같아서 도저히 뿌리칠 수 없었습니다. 이런 전차를 모는 법만 안다면, 날개 달린 듯 갈 수 있을 텐데.

자세히 살펴보니 좌석에 가지런히 놓인 갑옷 한 벌이 있었습니다. 양 어깨에 미래를 뜻하는 초승달 장식이 달려 있고, 그 아래 흉갑에는 연금술에서 의지력을 상징하는 사각형 장식 하나가 달려 있었습니다. 광대는 전차의 동력원에 대한 단서가 아닐까 곰곰이 생각했습니다. 아무도 입은 적 없는 것처럼 갑옷이 반짝반짝 빛나고 있는 것으로 보아 이것이 자신을 위해 만들어진 옷이라는 뜻으로 느껴졌습니다. 이 갑옷을 입고 전차를 조종하는 것은 운명이었습니다.

광대는 재빨리 옷을 갈아입었습니다. 몸에 꼭 맞는 갑옷을 입으니 권위가 생긴 것 같았고 전보다 의욕도 강해졌습니다. 좌석 위에는 지팡이가 놓여 있었습니다. 마법사와 만난 적이 있기에 마법은 알고 있었지만 마술 도구를 써본 적은 한 번도 없었습니다. 이번에도 지팡이를 손에 쥐어야 할 것만 같았습니다. 지팡이가 손 안에 들어오자 차가운 나무에서 전해진 얼음 같은 전율이 팔을 따라 목과 어깨를 감싸더니 가슴 한가운데 스며들었습니다. 숨을 들이쉴 때 따끔따끔한 마법의 기운이 퍼지고, 숨을 내쉴 때 에너지가 팽창하는 게 느껴졌습니다.

전차 앞에는 검은 스핑크스와 하얀 스핑크스가 동상처럼 진득이 앉아 있었습니다. 두 스핑크스는 똑닮은 모습으로 서로 다른 방향을 바라본 채 웅크리고 있었습니다.

'균형이다. 여사제의 사원에 있던 검은색 기둥과 흰색 기둥처럼 상반되는 두 힘이 협력하면 공통된 의견과 목표를 찾아낼 수 있어.'

그는 지난번에 배운 것이 이제야 이해되었습니다. 모든 것이 제자리를 찾아가고, 이제 그는 자신의 여정을 앞으로 나아가게 할 준비를 끝냈습니다.

'그나저나 전차는 어떻게 모는 거지?'

광대는 자세히 살펴보았지만 조종하거나 움직일 무언가도, 붙잡을 만한 고삐도 없었습니다. 이 전차에서 부족한 걸 어떻게 채워야 할 지 알 수 없었습니다.

안에 올라탄 광대가 밖을 내다보니 앞쪽에는 그가 가고 싶은 곳이 보였습니다. 풍경이 그를 부르고 있었고, 해야 할 일도 많았습니다. 이제는 뜻을 모아 집중하고 의지를 쏟아 행동에 나서야 할 때였습니다. 그러나 '어디로', '어떻게' 가야 할지가 가장 큰 의문이었습니다. 그때 '자신에게 필요한 모든 답은 내면에 있다'는 여사제의 지혜로운 말이 기억났습니다.

광대는 심호흡을 하고 내면의 세계에서 에너지를 끌어다가 전차를 움직이는 데 집중했습니다. 마음속으로 가고 싶은 곳을 떠올린 후 최대한 선명하게 그려낸 다음, 온 힘을 다해 그곳에 있게 해 달라고 빌었습니다. 그러자 스핑크스가 서서히 흔들리더니 전차 바퀴가 돌면서 덜커덩거리는 낮은 소리가 들렸습니다. 전차가 앞으로 나아가고 있었습니다!

손에 쥐고 있던 지팡이를 높이 들고 몸을 앞으로 내밀며 지팡이에 온 힘을 밀어 넣어 세상 밖으로 내보냈습니다. 광대는 말없이 전차를 재촉하며 앞으로 몰았습니다. 바퀴가 덜커덕거리며 깜짝 놀랄 만큼 빠르게 움직이더니 전차는 더 힘차게 나아갔습니다.

주변 풍경이 휙휙 지나가며 처음 있던 자리로부터 점점 멀어지자 광대는 성취감을 느꼈습니다. 그가 주도해서 이루어낸 일이었습니다. 늘 이런 식으로 자신을 활용한다면 분명 성공적인 인생을 살 수 있을 것이라는 점을 깨닫자 더욱 의욕에 불타올랐습니다.

"이제 용감하게 세상으로 나아가 미래를 쟁취할 때야!" 광대가 소리 높여 외쳤습니다.

산맥 사이를 지나면서도 먼지 자욱한 길 말고는 볼 것이 없었지만 걱정하지 않았습니다. 미래에 왠지 좋은 일이 일어날 것만 같았습니다. 계속 앞으로 나아가겠다고, 지금 느끼고 있는 힘과 열의를 잃지 않겠다고 다짐했습니다.

다시 한번 광대는 내면에서 힘을 끌어와 전차 바퀴와 스핑크스에 집중했습니다. 그들은 각자 따로 일하면서도 완벽한 팀을 이루었습니다. 그가 마음속에 여정을 그리자 무시할 수 없을 만큼 폭발적인 힘으로 의지가 솟구쳤습니다.

전차는 당신에게 의지력을 발휘하고 집중력을 잃지 말라고 권합니다.

긍정적인 행동을 하면 그 보답을 얻게 될 것입니다!

VIII
STRENGTH.

8 힘 STRENGTH

전차를 타고 먼 길을 달려 먼지 날리던 길이 바위투성이의 울퉁불퉁한 길로 바뀌었습니다. 표면이 불안정해서 바퀴가 잘 돌아가지 않자 광대는 결국 상황을 받아들이고 전차를 버렸습니다. 이미 자신이 올바른 방향으로 가고 있다는 것도, 왠지 모르겠지만 이 땅을 건너야 한다는 것도 알고 있었습니다.

광대는 어느 때보다 굳건하게, 조심스럽게 발을 내디디며 앞으로 나아갔습니다. 그러나 머리 위에서 자비 없이 내리쬐는 태양의 열기에 묵직하게 내리눌리는 것 같았습니다. 점차 지친 그는 결국 발걸음이 느려졌습니다. 이마에서 땀이 뚝뚝 떨어지는 바람에 입술을 핥아야 했습니다. 그는 한숨 돌릴 수 있기를, 목을 축이고 몸을 식힐 바위 웅덩이나 반짝이는 시냇물을 찾을 수 있기를 간절히 바랐지만, 그것은 이루어지지 않았습니다.

그러다 작은 돌무더기 위에 오른 광대는 길을 막고 서 있는 거대한 야수를 보고 깜짝 놀랐습니다. 정글의 왕에게 넙죽 절을 하려고 했지만 귀가 떨어져 나갈 정도로 사자가 크게 으르렁거리는 바람에 꼼짝할 수 없었습니다. 사자의 입이 열려 톱니 같은 치열이 드러나자 광대는 배 속에서부터 공포가 올라오는 것을 느꼈습니다. 이런 상황에 처해본 적이 없어서 어떻게 행동해야 할지 몰랐습니다. 저 짐승과 싸울 수단이라고는 맨손밖에 없으니 만약 싸워야 하는 상황이 오면 그는 죽음을 맞이할 게 분명했습니다.

큰 몸집의 사자는 노을 빛 털옷으로 몸을 감싼 거인 같았습니다. 사실 굉장한 볼거리였기에, 당장 눈앞에 닥친 위협만 없었다면 광대는 이 순간을 즐겼을 것입니다. 하지만 지금은 뭐라도 이 무시무시한 포식자를 거슬리게 할까 봐 감히 숨 쉴 엄두조차 내지 못했습니다.

광대는 이제까지의 경험과 배운 것들을 돌이켜보았지만 사자를 상대하는 법에 관해서는 실마리조차 떠오르지 않았습니다.

'포기할 수 없어. 여기까지 왔는데 멈출 순 없지. 이 상황에서 단순한 힘은 도움이 안 될 거야. 뭔가 다른 게 필요해.'

사자가 몸을 도사리며 한발 앞으로 다가왔습니다. 언제라도 달려들 태세였습니다. 사자한테 곧바로 잡힐 게 뻔하니 도망을 칠 수도 없었습니다.

'죽은 척 해볼까? 아니야, 이 짐승은 영리해서 나를 가지고 놀다가 저녁식사로 먹어치울 거야.'

광대가 할 수 있는 일은 딱 한 가지, 보이지 않는 어떤 힘에게 구해 달라고 기도하는 것뿐이었습니다.

그때 기도에 응답하듯 젊은 여자가 사자 뒤에서 나타났습니다. 여자가 어디서 온 건지 전혀 알 수 없었습니다. 흰색 드레스를 입고 머리에 화환을 두른 여자는 자연의 가장 순수한 본질이 스며 있는 꽃처녀, 순수함 그 자체였습니다.

여자가 사자의 머리를 부드럽게 감싸고는 세상에서 가장 상냥하고 달콤한 말을 하면서 사자의 갈기와 아래턱을 쓰다듬었습니다. 여자의 사랑스러운 눈길은 결코 사자의 시선에서 떠나는 법이 없었고, 이 거대한 고양이를 품에 안고 달래면서도 손에서 힘을 빼지는 않았습니다.

광대는 그녀에게 구해줘서 고맙다는 말을 하고 싶었습니다. 어떻게 사자에게 주문을 걸었는지도 묻고 싶었지만 뭐라고 말해야 할지 몰랐습니다. 머뭇머뭇 한 발짝 다가가 입을 열었습니다.

"쉿." 여자가 속삭였습니다. "우리 함께 내면의 힘을 써서 평화를 지키자고요. 여기서 폭력은 필요 없으니까요."

여자가 광대의 눈을 똑바로 쳐다보았습니다. 광대는 눈 속에 깃든 강철 같이 굳건한 결의를 느꼈습니다.

"우리가 의지할 수 있는 힘에는 여러 종류가 있어요. 때로는 버티고 견디는 인내가 필요하고, 회복탄력성을 찾아내어 앞으로 나아가야 할 때가 있죠. 힘이 언제나 물리적인 통제만을 뜻하지 않아요. 이 사자가 제 부드러운 손길에 어떻게 반응하는지 보세요. 저를 위협 대상으로 간주하지 않기 때문에 사자는 싸우지 않는 겁니다. 제가 평온하고 강한 존재라는 걸 감지하니까 사자도 저를 평온하고 강하다고 느끼는 거예요.”

미소를 지은 여자의 얼굴이 환해졌습니다.

“다른 모든 방법이 실패하면 내면으로 들어가서 회복탄력성을 꺼내는 법을 배우세요.”

광대는 고개를 끄덕였습니다. 무슨 말이라도 해보려 했지만 떠오르지 않아 허둥대기만 했습니다. 여자가 일어서더니 기지개를 켰습니다. 그러고는 하늘을 바라본 후 두 눈을 감고 심호흡을 했습니다.

“이제 당신이 남은 여정을 이어갈 수 있게 저희는 물러갑니다. 힘을 내세요.”

아무 일도 없었던 것처럼 여자는 돌아갔고, 보이지 않는 줄에 연결된 듯 사자도 여자의 발걸음에 맞춰 물러났습니다. 사자는 애초에 그곳에 존재하지도 않았던 듯 사라졌습니다.

광대는 머리를 긁적였습니다. 뭐가 뭔지 알 수 없었지만 또 하나의 교훈을 얻은 것 같았습니다. 그는 지나온 길을 돌아보고 아직 가야 할 길과 헤쳐나가야 할 광대한 기암절벽이 있다는 사실을 깨달았습니다. 그녀가 해준 말, 회복탄력성과 인내력, 온 세상이 나를 방해하는 것처럼 보일지라도 하던 일을 계속 하라던 말을 떠올렸습니다.

“그래, 그게 바로 내가 해야만 하는 일이야.” 광대가 조용히 말했습니다. “내가 처한 상황을 좌우하거나 바꿀 수는 없어. 아까 그 사자를 마음대로 통제할 수 없었던 것처럼. 그저 내면의 힘을 발휘해서 앞으로 나아가기만 하면 되는 거야.”

심호흡으로 영혼을 달랜 후 발아래 흙을 느끼며 광대는 서둘러

나아갔습니다. 한 번에 한 걸음씩, 한발 한발. 굴복하거나 포기하지 않고 그저 현재에 충실하며, 다가올 어떤 일도 침착하고 차분하게 맞이할 준비를 했습니다.

힘 카드는 당신에게 어떤 장애물도 뛰어넘을
자신감이 있음을 보여줍니다.
감정을 걸러내고 두려움에 직면하세요.

IX
THE HERMIT.

9 은둔자 THE HERMIT

주제 : 자기성찰, 자기탐구, 자기반성, 내면의 인도

여러 날 동안 걸어서 힘들고 지칠 법했지만 광대는 멈추지 않았습니다. 이 모험은 내딛는 한 걸음 한 걸음이 곧 성취에 가까워짐을 의미하는 정말 중요한 것이었습니다. 지금까지 많은 것을 배웠지만 광대는 배울 게 더 많았습니다. 아직 내면으로 들어가 영혼의 가장 어두운 부분에 굴복하고 삶의 본질을 되새겨보지도 못했기 때문입니다. 이걸 위해서는 지금까지와는 다른, 내면으로 눈길을 돌릴 수 있는 여행을 해야 할 터였습니다. 여태껏 그래왔듯이 적당한 때가 올 때까지 기다려야 했습니다. 모든 배움에는 어떤 순서나 패턴이 있고, 배운 지식 하나하나는 그가 앞으로 나아가는 데 도움을 주었습니다.

광대는 이제껏 올라본 것과는 다른 거대한 산을 올랐습니다. 바위가 미끌거리고 발 디딜 곳을 찾기 어려웠습니다. 갈라진 틈을 찾아서 더듬다가 손가락을 다치기도 했습니다. 손에는 피가 흘렀고 몸 구석구석이 아팠습니다. 여행 내내 입고 있던 밝은 색 옷은 더러운 누더기에 지나지 않게 되었습니다. 숱 많은 곱슬머리는 제멋대로 길게 자라 있고, 흰 수염이 얼굴을 뒤덮었습니다. 그의 겉모습은 나이 들어 보였습니다. 심장은 여전히 힘차게 뛰고 있고 시력도 한참 좋은데 말이지요.

산비탈을 힘겹게 기어오른 끝에 광대는 정상에 다다랐습니다. 그곳에서 얼음처럼 차가운 돌로 이루어진 평원을 마주했습니다. 멀리 산봉우리들은 만년설로 반짝였고 뼛속까지 시린 칼바람이 불었습니다. 모퉁이마다 삐죽삐죽한 암석 조각이 튀어나와 있고, 눈이 얇은 막처럼 덮여 있어 보기보다 더욱 위험했습니다.

'날 여기로 이끈 목적이 뭘까?' 광대는 주위를 둘러보며 생각했습니다. '어디 갈 데도 없고 볼 것도 없는데.'

그러다 마침 뒤쪽 암벽에 나 있는 구멍을 발견했습니다. 빛이 새어나오고 있는 동굴이었습니다. 그는 손과 무릎으로 기어올라 동굴 입구에 다다라서는 심호흡을 하고 안으로 몸을 던졌습니다. 실내는 작았지만 일어서서 몸을 움직일 수 있을 정도는 되었습니다. 따뜻하지는 않지만 혹독한 날씨로부터 몸을 피해 휴식을 취할 수 있는 안전한 피난처였습니다.

아까 본 빛은 누군가 놓고 간 것이 틀림없는 작은 램프에서 흘러나온 것이었습니다. 어쩌면 그 누군가도 광대와 같은 여정을 하고 있는지 몰랐습니다. 광대는 램프 안의 육각형 별을 보았습니다. 사방으로 빛을 쏘아 보내는 별을 보며 교황에게 배웠던 내용 중에 별은 지혜와 성찰의 상징인 솔로몬의 인장이라는 것을 기억해냈습니다.

주위를 둘러보다가 광대는 구석에서 시커먼 물건 꾸러미를 발견했습니다. 두꺼운 털실로 만든 회색 망토였습니다. 이곳에 왔던 사람이 남긴 또 하나의 선물에 광대는 미소를 지었습니다. 결국 그가 있어야 할 곳은 여기였습니다. 그는 조심스럽게 망토를 어깨에 두른 다음 망토에 달린 모자를 머리에 썼습니다. 그러자 이 세상에서 자기 모습이 보이지 않을 것 같아 안전하고 따뜻한 기분이 들었습니다.

짙은 색의 망토 자락이 동굴처럼 광대를 감싸자 이가 맞부딪쳐 딱딱거릴 정도로 덜덜 떨리던 추위가 사라졌습니다. 세상이 보지 못하는 곳에 있으니 내면에 열중하여 지금 처한 상황과 삶이 또 어디로 갈지 생각해볼 수 있었습니다. 그에게는 모든 것에서 벗어난 시간과 은신처가 필요했습니다.

광대는 가만히 앉아 이런저런 생각에 빠졌습니다. 생각의 흐름을 따라가보니 의식의 저 밑바닥에 닿았습니다. 그는 답을 달라고 다그치지 않았습니다. 답이 찾아오고 싶을 때 오도록 내버려두었습니다. 그는 지금까지 살아온 삶과 그것이 자신에게 어떤 의미였는지 헤아려보았습니다. 그러고는 자신이 했던 것과 배운 것 모두를 인정했습니다. 은둔하는 중에 자신에게 정말로 중요한 것이 무엇인지 숙고하고 그것들을 구분했습니다.

여러 날의 묵상 끝에 체력을 완전히 회복하여 동굴에서 나갈 준비가 되었을 때, 그는 무언가를 깨우쳤습니다. 광대는 바깥 빛을 향하여 동굴을 빠져나온 후 눈으로 뒤덮인 산꼭대기 전망을 들이마셨습니다.

그는 고립된 상태에서 위안을 찾고 새로워진 느낌을 받았습니다. 앞으로 어떤 길이 나올지, 무엇이 그를 기다리고 있을지 몰라도 그것은 모두 축복임을 알았습니다. 덕분에 자신의 삶을 되돌아보고 생각을 가늠해볼 수 있었던 이 시간을 감사히 여겼습니다.

광대는 무언가 눈 속에 파묻혀 있는 걸 발견했습니다. 매끄러운 나무 자루였는데, 자세히 살펴보니 지팡이였습니다.

'저것도 떠나는 내게 도움이 되라고 남겨둔 물건일 거야. 그렇다면 이 선물도 기꺼이 받아야지.'

광대는 재빨리 그 지팡이를 파내어 몸을 기댔습니다. 발을 어디에 디딜지 볼 수 있게 램프를 높이 쳐들고 망토를 단단히 여몄습니다. 이제 다음 단계로 움직이고자 광대는 천천히 발을 끌며 앞으로 나아갔습니다. 날씨 때문에 속도는 더뎠지만 활력이 넘쳤습니다. 그는 있는 그대로의 자기 모습에 만족했고, 자신의 능력에 자신감이 충만했습니다.

은둔자는 당신을 내면 세계로 물러나게 하여

그곳에서 위안을 구하도록 이끌어줍니다.

성찰하고 재충전하면서 혼자만의 시간을 소중하게 여기세요.

X
WHEEL of FORTUNE

10 운명의 수레바퀴
WHEEL OF FORTUNE

주제 : 운명, 생명의 순환, 카르마, 운의 바뀜

어느새 광대는 드넓고 푸른 초원에 와 있었습니다. 산아래 이곳은 날씨가 달랐습니다. 태양이 빛나고 공기는 인동초 향기로 달콤했습니다. 촉촉한 풀은 손에 닿을 때마다 까슬까슬했습니다. 그는 마치 봄날의 경치에 걸어들어온 느낌이었습니다.

순식간에 상황이 바뀌어버리자 모든 것이 너무나 달라보였습니다. 산꼭대기에서 겪은 험난했던 시련이 어느새 과거가 되고, 그에게 새로운 하루가 시작된 것입니다. 그는 앞으로 무엇이 기다리고 있을지 골똘히 생각했습니다.

잠시 새로운 환경을 음미한 광대는 책상다리를 하고 앉아 상체를 뒤로 젖혔습니다. 시원하고 신선한 공기를 들이마시자 힘이 났습니다. 힘들고 지쳐 있었는데 불과 며칠만에 다시 평온을 찾은 듯했습니다. 그 순간 마음이 가벼워지고 장난기 넘치는 기질이 모습을 드러냈습니다.

"운명이란 알 수 없구나." 광대는 중얼거렸습니다. 실제로 그렇기도 했고, 변화의 속도가 그의 숨을 앗아갈 만큼 벅찼기 때문입니다.

그때 그의 말을 입증이라도 하듯, 머리 위 공기가 확 바뀌고 쉭 하는 큰 소리가 났습니다. 폭신폭신한 흰 구름이 서서히 갈라지더니 놀라운 광경이 펼쳐졌습니다.

머리 위에 떠 있는 것은 이상한 글이 새겨져 있는 거대한 바퀴였습니다. 광대는 깜짝 놀라 눈을 비볐습니다.

'이건 꿈일 거야.' 난생처음 보는 기묘한 환영에 그것이 무슨 의미인지, 왜 자신에게 나타난 것인지 알아내고 싶었습니다.

바퀴는 매우 큰 영물 세 개가 떠받치고 있었습니다. 첫 번째는 이집트의 망자의 신 아누비스였습니다. 망자의 영혼을 자신의 왕국에 맞이하려는 듯, 저승의 우두머리가 바퀴 밑에서 날아오르고 있었습니다. 바퀴 왼쪽에 있는 두 번째 영물은 뱀이자 이집트에서 악의 정령을 나타내는 티폰이었습니다. 맨 위에 얌전하게 앉아 행복해보이는 영물은 힘과 지식의 상징인 스핑크스였습니다. 다 다르게 생긴 세 영물은 모두 바퀴가 돌아가는 방향에 영향을 미쳤습니다. 운명은 무작위적이며 그것이 언제든 뒤바뀔 수 있다는 본질을 암시하는 것 같았습니다.

광대는 바퀴의 정면에 새겨진 네 글자에 주목했습니다. YHVH. 입에 올릴 수 없는 신의 이름, 영원히 임재하는 전지전능한 우주적 힘이었습니다. 더욱 자세히 살펴보니 법 또는 타로를 의미하는 'TORA'라는 글자도 보였습니다.

운명의 수레바퀴가 지닌 강력한 힘을 느끼며 이 환영이 괜히 나타난 게 아니라는 것을 광대는 불현듯 깨달았습니다. 그가 만물의 본질을 받아들이고, 끊임없이 돌아가는 운명의 순환을 마주하라는 계시였습니다. 절망과 가난은 기쁨과 풍요로, 다시 그 반대로도 바뀔 수 있습니다. 모든 일에는 때가 있고, 우리가 바퀴에 올라탄 이상 변화는 불가피합니다. 가장 암울한 시기에도 빛과 희망이 기다리고 있을 것이고, 행복의 절정에 있다고 해도 그 감정이 영원히 지속되지는 않을 것입니다. 따라서 모든 순간이 소중하고 모든 경험이 귀중한 것이었습니다.

광대는 미소를 지었습니다. 그리고 지금까지 그가 봐온 세계관과도 일치했다는 것에 안심했습니다. 여러 차례 난관에 직면하기도 했지만 행복 또한 경험했기 때문입니다.

바퀴 주변에는 바퀴 못지않게 중요한 요소들인 천사, 독수리, 사자, 황소가 있었습니다. 광대는 그것들이 황도대의 고정궁을 나타낸다는 것을 깨달았습니다. 각각은 전체를 이루는 필수적인 요소로 각자의 자리를 지키며 공중에 떠 있었습니다.

그는 이 지식을 머릿속에 넣었습니다. 서두르거나 억지로 결론 내릴 필요는 없었습니다. 수레바퀴는 계속 변하기 때문이었습니다. 투명한 바퀴는 공기로 만들어진 심상이었기에 어떻게 이해해도 고정되지 않았습니다. 확정된 답은 아무것도 없었습니다. 그저 인생의 우여곡절을 맞이하는 생각들만 있을 뿐이었습니다.

"매일 매일을 있는 그대로 받아들이면 돼. 우리가 지나치는 각각의 형태는 일시적이고, 그것 또한 전체 과정의 일부에 지나지 않아."

마음이 편안해진 광대는 바닥에 몸을 누이고 팔을 머리 위로 쭉 뻗고 다리를 꼬았습니다. 위에 있던 수레바퀴가 점차 희미해졌습니다. 사라져가는 운명의 수레바퀴를 지켜보는 그에게는 그 어떤 감정도 들지 않았습니다. 이것 역시 또 하나의 가르침이라는 것을 알았기 때문입니다. 그는 촉촉한 잔디에 몸을 더욱 깊이 파묻었습니다. 숨을 쉴 때마다 땅의 기운이 그에게 스며드는 것이 느껴졌습니다. 그는 그 기운을 빨아들여 심장으로 흘려보냈고, 숨을 내쉬면서 마음을 괴롭히는 걱정과 의심을 긍정적인 기운으로 바꿔줄 땅으로 내보냈습니다. 이것이 영원히 안팎으로 돌고 도는 생명의 순환이었습니다.

광대는 이 모험이 어떻게 흘러갈지 알게 되자 재미있어졌습니다. 이제 이 여정의 모든 과정을 받아들이게 되었습니다. 다음엔 또 무슨 일이 생길까요?

"누가 알겠어!" 광대는 이렇게 말하고는 자기 질문에 자신이 답을 했습니다. "다음에 무슨 일이 일어나든 그건 다음이잖아. 좋은 일이거나 나쁜 일이겠지. 높은 곳에 올라 별들 사이에서 놀고 있든지 땅속으로 사라지든지. 내 운명이 어떻든 나는 두 팔 벌려 환영할 거야."

운명의 수레바퀴는 변화를 예고합니다.

운명의 장난을 받아들이고 뜻밖의 일이 일어나도 놀라지 마세요.

XI
JUSTICE .

11 정의 JUSTICE

주제 : 진리, 정의, 공정성, 카르마, 보편적 법칙

며칠 후 광대는 성벽으로 둘러싸인 광대한 왕국 한가운데에 도착했습니다. 어디를 봐도 분주하고 활력이 넘쳤습니다. 사람들이 떼 지어 모여 있고, 오갈 데 없이 어슬렁거리는 이가 없었으며, 바삐 일과를 처리하는 와중에도 활발하게 대화를 나눴습니다. 성벽과 건물은 광이 나는 흰색 돌로 지어져, 그 빛이 반사되어 도시 안의 모든 것이 밝고 긍정적인 인상을 주었습니다. 이곳은 언제 어디서든 기회가 모습을 드러내는, 잠재력이 가득한 공간이었습니다. 신이 난 광대는 여기서 무슨 교훈을 얻더라도 앞으로 쓸모 있겠다고 생각했습니다.

그는 성문을 지나 중앙 광장으로 성큼성큼 걸어갔습니다. 사람들이 모여 고합을 치고 주먹을 치켜들고 있었습니다. 아마 어떤 부당한 일이 일어난 모양이었습니다. 광대는 이 사람들이 무엇 때문에 이렇게 역정을 내는지 궁금했지만 커다란 시계탑이 있는 건물을 향해 계속 걸었습니다. 이유는 알 수 없지만, 그 건물이 그를 부르는 것 같았기 때문입니다.

가까이 가보니 그 건물은 법안이 통과되고 범죄를 저지른 자들에게 선고가 내려지는 일종의 법원이었습니다. 논리와 이성으로 공들여 제작된 듯 건물의 벽돌에도 위엄이 느껴졌습니다. 중앙 계단에 서서 위를 올려다보니 한 여자가 보였습니다. 색채가 선명하고 빛나는 조각상이 두 기둥 사이에 왕좌 같은 커다란 의자에 앉아 있었습니다. 앞선 여정에서 보았던 여사제가 떠올랐지만, 이 여인은 표정이 달랐습니다. 어떤 판단도 내리지 않은 듯 무표정을 하고 있으면서도 질문을 하는 듯 입가에는 묘한 느낌이 있었습니다. 마치 그녀의 눈을 응시하기만 해도 마음속에 품고 있던 의문이 입 밖으로 튀어나올 것 같았고, 일단 나오고 나면 반드시 답을 해야만 할 것 같았습니다.

의문이 마음속 깊이 파고들었으나, 광대는 어떻게 반응해야 할지 몰랐습니다. 그저 조각상을 응시하면서 그녀의 아름다움에 경탄했습니다. 그녀는 두려울 만큼 위엄에 차 있었고 정의의 기운으로 충만했으며, 판결을 내릴 준비가 되어 있었습니다. 오른손으로 검을 치켜들고 있는데, 검의 양날은 한 가지 논쟁에 존재하는 양면을 뜻했습니다. 면도날 같이 날카로운 검은 사회의 쓰레기를 두 동강 내어 신속하고 공명정대한 결정을 내릴 준비가 되어 있었습니다. 왼손에는 정의의 상징이자 그녀의 이름을 반영하는 저울이 들려 있었습니다. 저울은 상반되는 두 가지 관점의 균형과 관점 사이에서 올바른 길을 찾는다는 것을 나타냅니다. 논리적이면서 직관적인 여인이 내리는 결정은 언제나 두 가지 사고방식 모두에 근거한 것이었습니다.

그다음으로 가운데에 작은 사각형이 박혀 있는 왕관을 보았습니다. 왕관은 단단하고 모서리가 고르게 다듬어져 있었습니다. 이는 질서정연한 지력, 즉 정보를 신속하게 정돈하는 구조와 능력을 갖췄다는 것을 의미했습니다. 바로 광대가 정의에서 기대하는 바였습니다. 여인은 새빨간 다홍색 법복을 입고 있었고, 옷자락 아래로는 강렬하고 선명한 색과 대비되는 흰색 신발이 살짝 고개를 내밀었습니다. 결백과 순수의 색이었습니다. 광대는 여인이 지닌 모든 것의 의미를 마음에 새겼습니다.

광대는 왜 이곳에 이끌려 왔는지 깨달았습니다. 지금까지의 행동을 돌아보고 해명해야 할 때가 온 것입니다. 여태까지 그가 한 모든 일이 심판받을 예정이기에 겁이 나기도 하지만, 받아들여야 할 현실이었습니다.

정의의 여신이 형벌을 내린다는 것은 아니었습니다. 그녀의 역할은 그저 진실을 확인하고, 측은지심을 가지고 경청하는 것이었습니다. 광대는 공익에 근거한 행동과 이기적인 행동을 정직하게 구분해야 했습니다. 여기에는 뿌린 대로 거둔다는 보편적인 법칙인 카르마가 작용했습니다. 이때 그는 바퀴가 움직이던 것을 떠올리며 운명이 순식간에 바뀔 수 있다는 점을 다시 깨달았습니다. 어쩔 수 없는 상황이라도 긍정적인 카르마를 쌓고 선행을 하면 결국 미래에 행운으로 보상받을 수 있다는 계시였습니다.

"모든 것이 연결되어 있구나." 광대가 속삭였습니다.

그때 정의의 여신상이 움직였습니다. 표정이 아주 살짝 변한 것에 불과했지만 여신상의 입꼬리가 위로 올라간 것처럼 보였습니다. 그녀의 입가에 미소가 피었습니다. 그녀는 단순한 조각상이 아닌, 공정함과 법을 준수해야 한다는 상징 그 이상의 존재였습니다.

"그렇구나!" 광대가 손을 맞부딪쳤습니다. 지금까지의 여정에서 늘 그랬듯, 여인에게도 신비한 마법 같은 무언가가 느껴졌습니다. 그녀에게는 전해줄 가르침이 있었고, 광대는 그 가르침을 원했습니다. 걸음을 재촉하여 그녀의 발치로 더욱 가까이 다가간 그가 두 팔을 활짝 벌렸습니다.

"저는 당신의 질문에 답하고 제 행동을 사실대로 털어놓을 준비가 되어 있습니다. 제가 한 모든 선택에 책임이 따른다는 것도 알고 있으며, 제 행동으로 인한 결과를 받아들일 각오도 되어 있습니다."

정의의 여신상은 광대가 말하는 것을 가만히 지켜보았습니다.

"앞으로 제 결정이 공익을 위한 것인지 순전히 제 이익만을 위한 것인지 늘 의심하고 자문하겠습니다. 무턱대고 뛰어들지 않고 제 행동이 타인에게 어떤 영향을 미칠지 헤아리겠습니다. 저는 오늘 잊지 못할 중요한 가르침을 하나 배웠습니다."

그러고는 일어서서 여신상의 눈을 똑바로 보며 말했습니다. "제가 진실을 볼 수 있게 도와주셔서 감사합니다."

발길을 돌려 성큼성큼 계단으로 간 광대는 아래로 펼쳐진 도시를 내려다보았습니다. 여전히 티격태격 다투고 있는 무리를 보며 저들을 화나게 한 문제가 무엇일까 생각했습니다. 그리고 어떤 형태로든 정의가 구현된다는 점을 저들도 깨닫고 아무쪼록 이야기가 잘 마무리되길 바랐습니다. 저들이 사안의 모든 면면을 살펴보길 바라는 마음으로 평화를 기원하며, 그는 도시를 떠나 다시 여행을 떠났습니다.

정의 카드는 당신이 내린 결정이 미칠 영향을 헤아려볼 것을 권합니다.
진리를 탐구하고, 옳다고 믿는 바를 굳게 지키세요.

XII
THE HANGED MAN.

12 매달린 사람
THE HANGED MAN

주제 : 굴복, 희생, 어중간한 상황, 잠깐 멈춤, 새로운 관점

흰 돌로 지어진 도시에 머무르는 동안 광대는 눈부시게 아름다운 꽃이 만발한 비밀의 정원이 있다는 말을 들었습니다. 그 정원이 마침 근처에 있다는 것도요. 향기롭고 알록달록한 꽃들에 둘러싸인 천국 같은 곳에 가고 싶어 안달이 난 광대는 팔짝팔짝 뛰어가 저 멀리 숲을 발견했습니다. 정원에 가려면 숲을 지나가야 했기에, 그는 작은 배낭을 단단히 붙들고는 심호흡을 하고 숲에 들어갔습니다.

그곳은 촘촘히 자라나 있는 나무들의 군락지였습니다. 창처럼 곧게 서 있는 나무도 있고, 키 작고 시든 나무도 있었습니다. 나무 그루터기와 덤불도 있었고 땅에는 이끼가 두껍게 뒤덮여 있었습니다. 안은 축축했지만 제법 상쾌하여 시원한 공기가 피부를 달래주었습니

다. 어둡지만 편안함이 느껴지는 이곳이 마음에 든 광대는 여유를 부리며 어슬렁어슬렁 거닐었습니다.

곧이어 웅장한 떡갈나무 몇 그루가 표식처럼 서 있는 땅이 시야에 들어왔습니다. 한가운데에는 십자가 모양의 나무가 자라나 있었습니다. 나뭇가지들은 누가 조각해놓은 듯 구부러지고 마디져 있었습니다. 마치 십자가 모양 나무의 힘을 키워주려는 듯 태양이 나무 터널을 뚫고 들어와서는 그 나무만 집중적으로 비추고 있었습니다.

"이상하기도 하지."

광대는 혼잣말을 하고는 자세히 살펴보려고 앞으로 거침없이 나아갔습니다. 그때 축축한 나뭇잎을 밟고 발이 미끄러지더니 굵은 철사가 난데없이 나타나 그의 발목을 팽팽하게 휘감았습니다. 잠깐 사이에 공중으로 끌려 올라가 그의 몸이 힘없이 거꾸로 매달렸습니다.

"살려주세요!"

광대는 누구에게랄 것도 없이 소리쳤습니다. 사람 그림자도 보이지 않는, 가장 가까운 마을과도 몇 마일이나 떨어진 숲에서 "살려주세요!" 하고 다시 소리쳐 보았지만 바람 소리와 멀리서 우는 까마귀의 희미한 울음소리만 들려올 뿐이었습니다.

광대의 무게를 버티느라 나무에서는 삐걱거리는 소리가 났고, 광대의 몸은 앞뒤로 가만가만 흔들렸습니다. 그로서는 전혀 예상하지 못했던 일이기에 기분이 좋지 않았습니다. 해가 지기 전에 꿈의 정원에 닿는 원대한 계획을 세웠지만 지금 이렇게 위태롭기 짝이 없는 상황에 갇혀 거꾸로 매달리고 말았습니다. 몸부림 쳐봐야 철사가 더욱 꼬이고 몸을 더 꽉 조여 불편해지기만 했습니다.

운명을 마음대로 하기 위해 그가 할 수 있는 일은 아무것도 없어 답답했습니다. 맞서봐야 상황만 악화될 뿐, 계획이 틀어진 것을 받아들여야 했습니다. 여태까지 배운 것을 모조리 떠올렸습니다. 바뀐 운명을 수용하는 것, 자신의 행동이 초래할 결과를 헤아리고 행동에 신중을 기하는 것. 광대는 가르침에 따라 비밀의 정원은 단념해야 한다는 것을 깨달았습니다. 매달린 사람이 되는 것 말고 그가 할 수 있는 일은 아무것도 없었습니다.

광대는 마음을 내려놓고 상황을 바꾸려는 노력이나 탈출하려는 시도는 하지 않고 그저 고요한 이 순간을 즐기기로 했습니다. 거꾸로 매달리니 세상이 새롭게 보였습니다. 숲의 바닥이 머리 위 하늘이 되고, 하늘은 끝없이 넓은 새파란 바다가 되었습니다. 평상시라면 보지 못했을 것들이었습니다. 피가 온몸에 흐르고, 근육과 힘줄 하나하나에서 활력이 느껴졌습니다. 광대는 숨을 들이마시고 내쉬면서 두려움을 모조리 내보냈습니다. 그러고는 팔을 뒤로 보내 역삼각형 모양을 만들었습니다. 통합을 상징하고, 3의 힘과 생명의 순환을 의미했습니다.

광대가 현재 상황과 앞으로 어떻게 될지에 대해 깊이 생각해보는 동안 나무는 그의 무게를 버텨주었습니다. 나무는 그를 자연 세계와 연결해주었고, 덕분에 그는 그로부터 활력을 끌어올렸습니다. 가만히 기다리기만 하면 결국 가지가 부러져 다시 땅으로 내려와 여정을 이어갈 수 있는 것입니다.

기다림의 시간이 흐를수록 풍경이 바뀌고 나무의 힘은 점점 약해졌습니다. 서늘한 공기가 나무를 휩쓸고 지나가자 나뭇잎도 떨어졌습니다. 그만 포기해야 하나 생각하던 그때, 가지가 뚝 부러지면서 광대가 땅에 떨어졌습니다. 그는 다시 자유로워졌지만 결코 서두르지 않았습니다. 매달려 있는 동안 새로운 안목을 길렀기 때문입니다. 어쩌면 자신이 엉뚱한 곳으로 향하고 있었을지도 모른다는 사실을, 따라서 모험에 새로운 접근 방식이 필요할 수도 있다는 사실을 깨달았습니다. 그가 여정에서 잠시 멈추고 쉬기를, 자신의 생각에 온전히 집중하기를 온 우주가 바랐던 것입니다.

"모든 일에는 다 이유가 있구나. 모든 게 서로 연결되어 있는 것처럼 이제 이것도 알겠어."

비밀의 정원은 영영 못 찾을 수도 있지만, 그건 사실 중요하지 않았습니다. 우연히 발견한다면 축복이지만, 발견하지 못한다 해도 그것 또한 운명인 것입니다.

"어쩌면 이게 내가 찾아야 했던 비밀의 정원일지 몰라!" 광대는 제자리에서 빙글 돌며 말했습니다. "이곳이 바로 내가 올 운명이었던 곳이야."

다시 배낭을 집어들고 광대는 가던 방향으로 천천히 걸어갔습니다. 이제는 가고 싶은 목적지 없이 발걸음 하나하나를 즐기며 주변에서 기쁨을 찾아낼 것입니다.

숲은 떠나는 그를 지켜보았습니다. 나무들이 흔들리고 나뭇가지들이 그가 있는 쪽으로 기울었습니다. 그가 매달려 있었던 십자가 모양 나무는 빈터 가운데 그대로 남아 한 줄기 햇빛을 받고 있었습니다. 희생과 힘의 상징인 그 나무는 당당하고 꿋꿋했습니다.

매달린 사람은 현재에 굴복하고

잠깐 하던 일을 멈추고 검토하는 시간을 보내라고 권합니다.

앞으로 나아가기 위해서는 반드시 휴식을 취해야만 하는 법.

XIII
DEATH.

13 죽음 DEATH

주제 : 종말, 전환, 변형, 과거를 떠나보냄

숲에서 나온 광대는 어느새 거대한 벌판 한가운데에 서 있었습니다. 매끄럽고 평평한 땅에서는 사방이 다 보였습니다. 저 멀리 오른편에 한 여자가 시신 곁에 무릎을 꿇고 있고 그 옆에 어린아이가 바짝 붙어 있는 것을 목격했습니다. 여자는 하늘을 찢을 것처럼 통곡하다가 바닥에 풀썩 쓰러졌습니다. 예복 차림을 한 나이 많은 주교가 여자와 아이 옆에 서서 두 손을 모아 기도하고 있었습니다. 입술이 움직이는 것은 보였지만 무슨 말을 하는지까지는 알 수 없었습니다.

광대는 많은 게 궁금했습니다. '대체 무슨 일로 여자는 운 걸까? 땅바닥에 있는 시신은 누구지?' 저 비통한 현장에 함부로 끼어들고 싶지는 않았지만 그렇다고 모른 척할 수도 없었습니다. 어쩌면 자신이 저 상황을 진정시킬 수 있을지도 모른다는 희망을 품고 천천히 머뭇머뭇 그쪽으로 다가갔습니다.

하늘이 캄캄해지더니 저 멀리 뇌운이 몰려들었습니다. 마치 참사를 그린 초상화 속 파멸의 순간에 딱 맞춰 들어온 것만 같았습니다. 그래도 광대는 계속 다가갔습니다. 꼭 이 사건의 증인이 되어야 할 것만 같았습니다. 손에 닿을 만큼 여자와 가까워졌을 때 말발굽 소리와 함께 기수가 조용히 다가왔습니다. 광대는 자신이 본 모습에 충격을 받았습니다. 어두운 갑옷을 입은 어떤 형상이 잘생긴 백마에 타고 있는데, 얼굴과 몸에 살이 없었습니다. 그는 바로 해골 기병, '죽음'이었습니다.

모험을 떠난 이후 처음으로 광대는 진정한 공포를 느꼈습니다. 심장이 쿵쿵거려서 한 발짝 뒤로 물러섰습니다. 이 무시무시한 존재로부터 멀어질 수만 있다면 무엇이든 할 판이었습니다. 하지만 죽음은 더할 나위 없이 평온해 보였습니다. 마치 이 일은 불가피하다고 말하는 것처럼 악의가 전혀 느껴지지 않았습니다. 그 누가 죽음으로부터 도망칠 수 있을까요? 땅바닥에 누워 있는 사내도, 슬피 울고 있는 여인도, 여인의 아이도 마찬가지입니다. 죽음은 모두에게 보편적인 것입니다.

죽음이 들고 있는 깃발은 검은색 바탕에 흰색 장미가 그려져 있었는데, 이는 무지와 순수와 불멸을 상징했습니다. 메시지는 분명했습니다. 죽음은 그 자체로 나쁜 것이 아닌, 다른 상태로 옮겨 가는 하나의 통과의례에 불과하다는 것입니다. 장미 꽃잎은 다섯 개였는데, 숫자 5는 변화를 의미합니다. 죽음은 변형과 전환에 관한 것이기도

하기에 거의 모든 삶의 단계에 적용이 가능했습니다. 이때 광대는 운명의 수레바퀴가 전해준 가르침과 변화는 어느 때라도 올 수 있다는 사실을 떠올렸습니다.

'죽음도 똑같구나. 무언가를 남기고 떠나 새로운 챕터를 시작하는 사소한 죽음이 될 수도 있고, 그보다 중대한 죽음이 될 수도 있어. 생명의 순환의 일부이기 때문에, 우리는 늘 죽음을 겪으며 살아가는 거야.'

주교는 해골 형상을 한 기사에게 자기 앞에 있는 자들의 목숨을 살려달라고 간곡히 부탁했습니다. 사신은 아무 말도 하지 않았습니다. 얼굴이 없어서 표정을 읽는 것도 불가능했습니다.

"바꿀 수 없어요." 광대가 끼어들어 말했습니다. 주교가 고개를 돌려 광대를 보았습니다.

"유감스럽지만 어떤 일은 일어날 수밖에 없습니다. 그렇다고 두려워해서는 안 돼요. 죽음은 우리가 매일 맞닥뜨리는 하나의 순환에 불과해요."

"자네가 그걸 어찌 아는가?"

"전 알 수 있어요. 여행하면서 많은 걸 배웠거든요. 모든 하루하루가 '죽음'이에요. 어제는 내일이 태어날 수 있게 물러갑니다. 반드시 그렇게 되어야만 해요. 안 그러면 생명이 이어질 수 없어요."

주교는 잠시 생각하더니 고개를 끄덕였습니다.

저 멀리 강을 떠내려가는 배를 보며 광대는 옛 신화 이야기를 떠올렸습니다. 망자의 영혼이 불가사의한 뱃사공에 의해 거대한 바다 너머로 운반되어 다음 세계로 인도된다는 내용이었습니다. 어쩌면 바로 지금 일어나고 있는 일이 그것과 같은데, 두려움이 그들의 판단력을 흐려놓았기 때문에 아무도 모르는 걸지 몰랐습니다.

"죽음은 끝이 아니라 새로운 시작이에요. 저기 해가 지는 걸 보세요. 내일이면 저 해는 다시 태어날 겁니다. 새벽에 떠올라서는 하늘을 뜨겁게 밝혀줄 거예요. 우리 곁을 떠나는 영혼들은 당장 눈앞에서는 사라질지 몰라도 태양처럼 늘 우리 마음속에 존재하지요."

여자의 얼굴에 미소가 희미하게 스쳐지나갔고, 잠깐 동안이나마 슬픔이 사라진 듯했습니다. 일어난 일을 이해하고 받아들인 것 같았습니다. 죽음이 시선을 옮겨 광대를 응시했습니다. 그리고 느릿느릿 팔을 뻗어 앙상한 손가락으로 반대 방향을 가리켰습니다. 가라는 명령이었습니다. 아직 그의 때가 아니라는 것입니다. 지금은 그를 놓아주지만 어느 때든 돌아올 것만은 확실했습니다.

광대는 고개를 끄덕이고 존경과 사랑의 마음을 담아 두 손을 가슴에 얹어 인사한 후 죽음이 가리킨 반대 길을 따라갔습니다. 다른 영혼들은 기꺼이 떠났을지, 그 영혼들의 여정은 그다음 어떻게 되었을지 궁금했습니다. '저승에 이르렀을까, 아니면 천국에 이르렀을까? 그 영혼들은 다시 만나게 될까? 만약 다시 만난다면 그 영혼들의 다음 이야기는 어떻게 채워질까?'

물론 그는 결코 알 수 없을 것입니다. 인생사 모든 일이 그렇듯, 우리는 어떤 일이 닥칠지 예견할 수 없기 때문입니다. 그저 변화를 받아들이고, 죽고, 새롭게 다시 태어날 준비만 하면 됩니다. 이것이 순환하는 인생의 본질이며, 광대는 마침내 순환의 의미를 온전히 이해하게 되었습니다.

캄캄한 밤이 다가오자 광대는 고개를 푹 숙이고 쉴 곳을 찾은 후,
이 세상에 밤 인사를 건넸습니다.

죽음 카드는 우리 인생에서 문 하나를 닫습니다.
이는 일종의 종말일 수도 있지만 새로운 시작이기도 합니다.

XIV
TEMPERANCE.

14 절제 TEMPERANCE

주제 : 온건, 평화, 균형, 목적

광대는 벌판을 떠나 저 멀리 산으로 향했습니다. 그는 여행 중에 가장 오랫동안 생각에 잠겨 있었습니다. 이해해야 할 것이 많았기 때문입니다. 여행을 떠난 지 몇 년은 지난 것 같지만 정확히 얼마나 되었는지는 몰랐고, 다만 더 나이가 든 것 같다고 느꼈습니다. 그동안 쌓인 경험과 가르침뿐만 아니라 몸을 놀리는 방식 때문에도 그랬습니다.

험한 지형을 걷기가 더 힘들어졌고, 꽤 팔팔한 것 같다가도 확실히 의욕이 줄어들었습니다. 근육과 사지가 쑤시고 무엇을 해도 전보다 힘들었습니다. 그렇다고 즐겁지 않다는 것은 아닙니다. 다른 삶은 상상도 할 수 없을 만큼 여기저기 떠돌아다니는 지금의 삶이 그에게 커다란 성취감을 주었기 때문입니다. 다양한 계층의 사람들을 많이 만나보고 이런저런 일을 겪어보면서 많은 자극을 받았습니다.

광대는 만족스러웠습니다. 더 어릴 때 행복이란 무아지경 같이 압도적인 쾌락과 흥분을 느끼는 것이었지만, 세월이 흐르면서 그것들이 다 찰나의 감정이라는 것을 깨달았습니다. 이제 진정한 행복은 만족스러움과 편안함이 느껴지는 그날그날의 순간들로 인해 찾아왔습니다.

어린 시절에는 모험을 갈망했고, 그렇게 지금의 여정이 시작되었습니다. 그때는 낙관에 가득 차서 모험이 주는 짜릿함을 위해 기꺼이 뛰어들었지만, 이제는 이른 아침에 새가 지저귀는 소리나 활짝 핀 아름다운 장미를 보는 것과 같은 소박한 즐거움이 지닌 가치를 알게 되었습니다. 이룰 수 없는 꿈을 좇는 것보다 조화와 균형이 중요했습니다. 광대는 걷거나 명상하면서 하루를 보내는 것을 무엇보다 좋아했습니다. 주변과 교감하고 자연과 소통하는 것을 즐기면서 마음의 평화를 얻고 세상사를 더 깊이 이해할 수 있었습니다.

광대는 이렇게 깊은 사색에 잠겨 있다가 주변에 어떤 존재가 있는 걸 알아챘습니다. 피부가 따끔거리고 사방에 어떤 초자연적인 힘이 가득 찬 것 같았습니다. 좌우를 둘러보고 위를 바라보니 구름 사이에서 무언가가 내려왔습니다. 그것은 다름 아닌 은총으로 빛나는 얼굴을 하고 영광스러운 날개가 달린 금발의 천사였습니다.

그는 숨을 죽였습니다. 지금 자신에게 벌어지고 있는 일이 도무지 믿어지지 않았습니다. 바닥에 털썩 주저앉아 천사의 후광에 눈이 부신 나머지 두 눈을 가렸습니다. 빛이 흐려지고, 천사는 한 발을 바위

위에 얹고 나머지 한 발을 물 웅덩이에 깊이 담갔습니다. 마치 두 영역 사이에서 균형을 잡은 듯한 모습이었습니다. 한쪽은 물과 감정의 영역이고, 다른 한쪽은 땅과 물질적인 세계였습니다. 광대는 땅바닥에 발을 단단히 디디면서 삶의 흐름 속에 있다는 것이 어떤 의미인지, 또 그것이 얼마나 중요한지를 이해했습니다. 천사가 입은 옷에는 삼각형을 감싸고 있는 사각형이 있었습니다. 우주의 법칙에 얽매인 인류를 뜻했습니다.

천사는 양손에 컵을 하나씩 들고 천천히 꾸준하게 한 컵에서 다른 컵으로 물을 따라 물이 두 컵을 오가는 순환을 계속했습니다. 이를 본 광대는 인생과 모든 것이 돌아가는 방식에 연금술이 어떻게 존재하는지 날과 달에서 계절에 이르기까지 생각했습니다. 그 움직임에 매료되어 계속 지켜보았더니 정신을 집중하여 세상을 객관적으로 보는 데 도움이 되었습니다.

천사가 하는 행동의 모든 의도를 광대가 알아차렸기 때문에 천사는 굳이 말을 할 필요가 없었습니다. 평화로운 기운이 광대를 감쌌습니다. 광대는 눈이 풀리고 마치 꿈속에 빠져드는 것 같았습니다. 정말 꿈이었을지도 모릅니다. 산봉우리 위에 낮게 떠 있는 황금 왕관이 보였기 때문입니다. 왕관은 환한 빛에 둘러싸여 둥둥 떠 있었습니다.

'얼마나 놀라운 광경인가! 그런데 저건 무슨 의미일까?'

그때 벨벳처럼 부드러운 천사의 목소리가 산맥을 배경으로 울려 퍼져 머나먼 메아리를 만들었습니다.

"너를 비롯하여 모든 인간이 가야 하는 더 높은 길을 나타내느니라."

"그게 무슨 뜻입니까?"

"삶의 목적에 충실하고 네게 주어진 길을 계속 걸어가야 한다는 신호이니라."

광대는 고개를 끄덕였지만 다른 이들은 어떻게 진정한 목적을 알아차릴지 궁금했습니다. 그도 결국 이렇게 모험에 나서서야 자신의 진정한 목적을 발견하는 선물을 받았기 때문입니다.

의문에 대답해주려는 듯 천사가 다시 입을 열었습니다.

"어떤 이의 진정한 목적은 날 때부터 정해져 있다. 그걸 알려면 내면으로 들어가 조용히 사색하는 시간을 보내야 하느니라. 직관이 길을 이끌도록 하고, 무엇보다도 매사에 균형과 절제를 찾아야 하느니라. 삶 속에서 여유를 허락하는 고요한 순간에 비로소 진정한 목적이 드러나기 때문이니라."

광대는 눈을 감고 천사가 알려준 지혜로운 말씀의 의미를 받아들였습니다. 그가 다시 눈을 떴을 때, 천사는 사라지고 주변이 돌아와 있었습니다. 왕관도 사라지고 하늘에는 오직 산의 능선만이 남아 있었습니다.

새로운 안도감이 물밀듯 밀려왔습니다. 천사의 말이 옳았습니다. 이처럼 고요한 순간들이 균형과 절제를 만들고, 세상을 더욱 또렷한 시각으로 볼 수 있게 해주며, 삶을 조화롭게 만들어 평화를 가져다주는 것입니다. 만물에서 평온함을 찾아내고 균형을 발견하는 것, 그것이 바로 절제였습니다. 광대는 여정 내내 이걸 자연스레 실천해왔고, 천사가 그 사실을 일깨워 주었던 것입니다.

그는 더 이상 모험을 시작했을 때 절벽에서 뛰어내렸던 무모한 청

년이 아니었습니다. 여정 중에 그가 겪었던 변화는 그의 영혼이 성
장하는 데 반드시 필요한 것이었습니다. 만사에는 때가 있는 법입니
다. 광대는 안정, 목적, 평화가 지금 자신에게 필요한 것이라는 사실
을 인지했습니다.

절제 카드는 당신에게 균형을 찾으라고 권합니다.
절제 있게 행동하고 마음의 평정을 유지하세요.
고요 속에 평화가 있는 법입니다.

XV
THE DEVIL.

15 악마 THE DEVIL

주제 : 노예화, 그림자 자아, 제약, 유혹

광대는 천사의 왕림에 너무나 행복한 나머지 기분이 들떠 여유롭고 느긋하게 걸었습니다. 방문한 곳곳마다 그의 마음속에 강한 인상을 남겼습니다. 열매가 잔뜩 열린 풍요로운 과수원부터 야생과 마법의 숲까지 여러 곳을 거닐고 초원과 황무지를 떠돌았으며, 언덕과 산을 오르고 아주 낮은 골짜기에 발을 담그기도 했습니다. 큰 바다의 해안을 따라 걷기도 하고 시냇물과 강물에도 발을 담갔습니다.

세상에는 아름다움이 흘러넘쳤고, 그는 목마른 사람처럼 그것을 모조리 들이마셨습니다. 그럼에도 그의 영혼은 갈증을 완전히 해소하지 못했습니다. 딱 하나 애써 피해온 것이 있었기 때문입니다. 만물의 순리를 알고 있었기에 광대는 그것이 다가오고 있다는 것 또한 알고 있었습니다. 빛이 있으면 어둠도 있는 법이고, 어둠에서는 음흉하고 위험한 것이 떠오르기 마련입니다. 그는 죽음을 목격하고 죽음의 본질을 배웠지만, 응당 두려워해야 할 것은 또 있었습니다. 그 존재는 인간이 스스로 시인할 수밖에 없는 것이었습니다.

이제 어둠과 대면해야 할 때였습니다. 광대는 어떤 결과가 닥치더라도 상대할 수 있을 만큼 강해졌습니다. 등 뒤로 밤이 다가오자 그는 자리를 잡고 작게 불을 피웠습니다. 심호흡을 한 후, 불꽃끼리 서로 부딪치며 요동치는 모습에 시선을 고정했습니다. 불꽃이 춤추듯 깜빡거렸습니다. 가느다란 손가락 같은 불길이 그에게 뻗어왔습니다. 그는 따스함 너머 불의 중심에서 새하얗게 이글거리는 눈부신 빛을 바라보았습니다. 열기를 더 이상 못 견디게 된 바로 그때, 악마가 모습을 드러냈습니다.

반은 인간, 반은 뿔 달린 염소의 모습을 한 야수는 보기만 해도 무시무시해서 광대는 공포심에 뒷걸음을 쳤습니다. 하지만 그는 전혀 예상하지 못했습니다. 악마는 분명 악마의 모습을 하고 있는데도 묘하게 사람을 끌어들이는 힘도 지니고 있었기 때문입니다. 광대는 악마의 눈길을 떼기가 힘들었습니다. 압도적으로 이끌리는 시선을 느끼고 싶은 마음이 간절했지만, 눈을 들여다봤다가는 영영 돌아오지 못할 것 같았습니다.

악마의 형상이 서서히 또렷해지자 광대는 악마의 머리 위에 떠 있는 오컬트의 상징인 역오각성을 알아보았습니다. 몸은 이 끔찍한 피조물과 함께 있고 싶지 않아서 벌벌 떨며 슬그머니 뒤로 물러나려고 했지만, 마음은 남아 있으라고 하는 것 같았습니다. 이런 경험에서도 무언가 얻을 것이 있었습니다. 내면으로부터 인정해야 할 필요가 있는 그 무엇인가가.

악마는 가만히 지켜보기만 했습니다. 어깨에서 뻗어 나온 거대한 검은 날개는 피를 빨아먹기로 유명한 박쥐의 것과 같았습니다. 악마가 지금 여기서 하려는 것이 바로 그걸까요? 광대를 올가미에 걸어 그의 영혼을 마지막 한 방울까지 빨아들여 피를 말릴 작정인 걸까요? 그럴싸한 상상이었지만 악마는 뭔가 망설이고 있는 것 같았습니다. 그는 대체 무엇을 기다리고 있는 것일까요?

악마가 땅에서 일어나자, 그제야 광대는 악마가 딛고 있던 받침대에 쇠사슬로 묶여 있는 희생자 둘을 보았습니다. 벌거벗은 두 남녀는 도와달라거나 빌거나 그 어떤 말도 하지 않았습니다. 그저 악마의 지배로 인해 넋을 잃고 서 있었습니다. 그들의 얼굴에는 감정이 전혀 없었고 마치 생명이 완전히 빠져나간 듯했습니다. 그런데 더 자세히 살펴보니 두 남녀의 목에 둘러진 사슬은 쉽게 벗을 수 있을 정도로 느슨하게 묶여 있었습니다. 저 두 사람은 왜 탈출하지 않는 건지 몹시 궁금해하던 찰나 두 사람의 머리 위에 난 작은 뿔이 악마의 것과 비슷해 보였습니다. 저 두 사람도 악마가 되어가는 것일까요? 어쩌면 악마와 함께 있기 때문에 두 사람이 바뀐 걸지도 몰랐습니다.

하지만 광대는 서서히 깨달았습니다. 저 포로들은 스스로 선택하여 희생자가 된 것입니다. 풀려나는 것도 본인에게 달려 있지만 그러지 않기로 선택한 것입니다. 어떻게 이런 일이 있을 수 있을까요?

유혹. 그 답은 말이 아닌 느낌으로 전해졌습니다. 배 속에서 꿈틀

꿈틀 살아나 목구멍을 타고 기어 올라온 절실한 욕구. 악마는 그 감정이 지닌 힘을 이용해서 마음을 움직인 것입니다. 두 사람은 자신들의 욕망에 사로잡혀 결국 욕망의 노예가 된 것이었습니다. 누구나 당할 수 있는 일입니다. 사소하고 별것 아닌 것이 집착이 되어 우리를 어두운 쪽으로 끌어당길 수 있습니다.

광대는 자신의 약점이 무엇이고, 그로부터 자유로워지기 위해 무엇을 버려야 하는지 생각해보았습니다. 자아에 사로잡혀 있을까, 아니면 다른 부정적인 무언가에 갇혀 있을까? 어쩌면 아직 그 단계까지는 도달하지 않았을지 모릅니다. 지금은 어두운 충동을 시인하는 것이 우선이었습니다.

"인간은 빛과 어둠으로 빚어져 있어." 광대의 머릿속에서 목소리가 들려왔습니다. 감정이 아닌 이성이 내는 목소리였습니다.

"나는 네가 생각하는 그런 괴물이 아니다. 나는 그저 존재할 뿐. 내가 너를 찾아내는 것이 아니다. 나를 찾는 건 바로 너다."

광대는 동의할 수밖에 없었습니다. 악마와 대화를 나누고 그의 영혼 안에서 작용하는 빛과 어둠의 경험을 원한 것은 나 자신이었습니다. 때때로 욕망의 지배를 받아 위험에 빠지기도 했었습니다. 충동에 이끌리는 일이 다시는 없을 거라고 단언할 수는 없겠지만, 적어도 그럴 수 있다는 사실을 인지했습니다.

잠시 침묵과 함께 주변도 움직임을 멈춘 것 같더니, 산들바람이 다시 불면서 불길이 깜빡거린 후 악마가 사라졌습니다. 악마는 자신이 휘두르던 위협과 함께 불꽃과 재 속으로, 지하 세계로 사라졌습니다. 광대는 어둠과 정면 대결한 후 살아남았다는 것에 안심했습니다. 그는 자신의 어두운 면을 건드려 그것의 존재를 받아들였습니다. 덕분에 더 강해진 것 같았지만, 동시에 그로 인해 더 약해진 기분도 들었습니다.

광대는 막대기로 불꽃을 뒤적여 불길이 잦아들게 한 후, 따뜻한 외투로 몸을 감쌌습니다. 그리고 서서히 잠에 의식을 맡겼습니다.

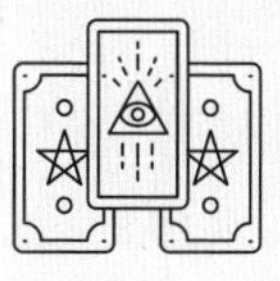

악마는 유혹을 주의하라고 경고합니다. 유혹에 빠지면 욕망의 노예가
되거나 건강하지 못한 행동 양식에 갇힐 수 있기 때문입니다.
이 점을 인정하고, 해방의 첫 발을 내딛으세요.

XVI
THE TOWER.

16 탑 THE TOWER

악마와의 만남은 그에게 큰 충격을 주었지만 예상치 못한 방법으로 그를 회복시켜 주었습니다. 그는 그림자 자아가 인격의 밝은 측면과 어떻게 균형을 이루는지 알게 되었습니다. 이제 내면의 힘을 활용하여 그 둘을 한데 모아 기반을 탄탄하게 다질 수 있게 되었습니다. 하지만 아직 알아내야 할 것들이 더 있었습니다. 여행하면서 결정을 내릴 일이 여러 번 있었는데, 지식과 논리를 토대로 내린 것도 있고, 직관에 따라 내린 것도 있고, 별 생각 없이 내린 것도 있었습니다. 결정한 후의 모든 결과는 예상한 대로였고 그로 인해 배운 것도 많았지만, 아직 인생이 바뀔 정도로 모든 걸 휩쓸어버릴 만큼의 사건에 맞닥뜨린 적은 없었습니다.

광대는 며칠은 됨 직한 시간 동안 험준한 산을 올랐습니다. 경사가 처음에는 완만하다가 갈수록 가팔라졌지만, 그는 꼭 정상에 도달해야겠다고 마음먹었습니다. 저 멀리에 탑이 하나 보였습니다. 위풍당당하게 우뚝 솟아 있는 벽돌 탑에 올라 정상에서의 경치를 너무나 보고 싶었습니다. 하늘을 나는 듯한, 공중에 붕 떠 있는 느낌을 상상했습니다. 그 설레는 기분을 느껴보고 싶은 마음이 간절했습니다.

점점 거대한 탑이 어렴풋이 보이자, 등골이 오싹해졌습니다. 미지에 대한 두려움 때문일까요, 아직 알 수 없는 또 다른 감정 때문일까요? 그게 무엇이든 당장은 더 생각하지 않기로 했습니다. 광대는 앞으로 돌진하여 문을 밀어젖히고 들어가 한 번에 두 계단씩 뛰어올랐습니다. 좋은 위치에서 왕국을 보고 싶은 충동이 너무나 강하여 시간을 재촉했습니다.

나선형에 꽤 구불구불한 계단을 너무 빨리 달린 바람에 광대는 곧 현기증을 느꼈고 주변의 모든 것이 흐릿해 보였습니다. 탑 안의 많은 방마다 다른 사람들도 각자 있었습니다. 창문이 있는 방도 있고 없는 방도 있었습니다. 올라갈수록 점점 탑의 벽이 좁아졌습니다. 아니, 그가 느끼기에는 벽돌이 안쪽으로 밀리면서 압력이 생기는 것 같았습니다. 그럼에도 광대는 멈추지 않았습니다. 어떤 대가를 치르더라도 정상에 도달해야 했기에 굴하지 않았습니다.

꼭대기가 시야에 들어오자, 다리가 부들거리고 근육이 있어야 할 자리에 돌이 들어차기라도 한 듯 몸이 천근만근 무거워졌습니다. 광대는 바싹 마른 입술을 혀로 핥고 공기의 수분을 빨아들이려고 했습니다. 숨이 가빠 헐떡이면서도 고개를 창문 밖으로 내밀었습니다.

그러나 그토록 간절히 보고 싶었던 전망이 흐릿하여 두 눈을 비볐습니다.

'왜 이러지?'라는 생각이 자리잡히기도 전에 '쿵' 하는 엄청나게 큰 소리가 나더니 하늘이 둘로 갈라졌습니다. 빛이 번쩍하고 허공을 가르더니 탑의 뾰족한 끝부분을 때렸습니다. 번개가 계속 내리치자 건물이 몸서리를 쳤습니다. 저 아래에 있던 토대가 움직이고 땅이 꺼졌습니다.

상황을 깨달은 광대는 비명을 질렀습니다. 탑이 무너지는 걸 막기 위해 할 수 있는 일은 아무것도 없었습니다. 사람들이 소리를 지르고, 도망을 치고, 창문에서 뛰어내렸습니다. 중앙 계단에 불길이 치솟고 사방에 연기가 자욱하게 피어올랐습니다.

광대는 자신의 운명을 깨달았습니다. 꼭대기에 도달하고 싶은 열망이 너무 강한 나머지 탑이 얼마나 안전한지는 따져보지 않았던 것입니다. 자아가 욕망만을 따른 결과로 그 대가를 치르게 된 것입니다. 이런 일이 벌어질 것을 알 길이 전혀 없었고, 한순간에 그의 인생이 뒤집혔습니다. 광대는 붙잡을 것을 찾아 주위를 두리번거렸지만 기대거나 추락을 막아줄 만한 것은 아무것도 없었습니다. 할 수 있는 일이라고는 순리에 따라 파멸의 물결에 몸을 맡기고 이 혼돈에서 벗어날 기회를 달라고 기도하는 것뿐이었습니다.

두 팔을 활짝 벌린 채 광대는 땅의 진동에 몸을 맡겼습니다. 잠시 후 그는 머리부터 땅으로 곤두박질쳤습니다. 이후 진흙탕에 철퍼덕하고 빠졌습니다. 많이 아팠지만 다행히 다친 곳은 없었고, 숨도 쉬고 걸을 수도 있었습니다. 광대는 완전히 파괴된 주변을 둘러보았습니다. 남은 것이라고는 부서진 돌조각과 벽돌들, 멍투성이에 만신창이가 된 몸으로 절름거리며 도망치는 사람들이었습니다. 그는 이 탑의 심오한 의미가 궁금했습니다. 헛된 꿈과 이기적인 생각을 토대로 지어진 요새 같았던 탑은 그곳에 들어온 사람들에게 하나의 감옥이었습니다. 뭔가를 줄 것처럼 보였지만 그저 겉으로만 그래보였을 뿐 번개가 치자 탑은 와르르 무너져 내렸습니다.

여기서 배워야 할 교훈은 겸손이었습니다. 언제나 예기치 않은 일은 일어나기 마련이고, 인생은 우리를 시험에 들게 합니다. 마음을 열고 겸허한 마음가짐으로 경험이 주는 가르침을 받아들이는 일이 무엇보다 중요합니다. 그래야 다시 태어날 수 있기 때문입니다. 광대는 비틀거리며 일어섰습니다. 여기저기 두들겨 맞은 듯 몸은 지쳐 있었고, 옷도 자신감도 너덜너덜해졌습니다.

'어쩌면 이게 나한테 필요했던 것인지도 몰라. 나 자신과 강제로 마주하도록 하는 천지개벽 같은 대변혁이 필요했던 거야. 나는 모든 걸 다 알 수 없고, 앞으로도 결코 다 알 수 없을 거야.'

번개는 어두운 곳을 밝혀주고 변화가 필요한 부분에 빛을 비춰준 것이었음을 깨달았습니다. 이제 이 지혜로 자기 자신을 새로운 모습으로 다시 빚어내는 것은 본인에게 달려 있었습니다. 발을 질질 끌며 비틀비틀 한 걸음씩 앞으로 나아가던 광대는 점차 균형을 잡아갔습니다. 발아래 딛고 있는 바닥이 느껴지자, 이 선물이 고맙게 여겨졌습니다.

탑 카드는 각성하라고 보낸 번개입니다.

땅바닥이 갈라져도, 모든 갑작스러운 변화에는

깨우침과 성장이 있기 마련입니다.

XVII
THE STAR.

17 별 THE STAR

주제 : 희망, 믿음, 신의 은총, 잠재력과 부활

광대는 그의 자아였던 탑이 무너졌다는 충격에서 여전히 벗어나지 못하고 있었습니다. 다음에 무슨 일이 생길지를 생각하며 천천히 움직였습니다. 자신감에 타격을 받기는 했지만 세속적인 욕망이 다소 사라진 기분이 들어 짐을 덜어낸 것도 같았습니다. 그는 이제 스스로를 일으켜 세워 새로운 희망을 품고 미래를 바라보았습니다.

푸릇푸릇한 초원을 거닐고, 경사로를 미끄러지듯 내려가고, 길이 이끄는 대로 걷다 보니 어느새 밤이 되었습니다. 걱정이 좀 가시고 나자 정신이 초롱초롱 맑아졌습니다. 그는 머리 위에서 춤을 추며 밤하늘을 수놓은 별들을 올려다보았습니다. 요술 같은 밤에 주위는 인동덩굴 향기로 달콤했습니다. 야트막한 언덕을 잇따라 오르던 광대는 언덕 아래에 어떤 여자를 발견했습니다. 달빛에 여자의 맨살이 어슴푸레 빛나고 있었는데, 그 빛은 내면에서 흘러나오는 것이었습니다. 광대는 여자의 아름다운 모습에 경탄했습니다.

광대는 여자가 두 개의 그릇에서 물을 흘려보내며 그 물줄기로 대지를 적시는 모습을 그저 바라보았습니다. 물은 수정처럼 맑은 다섯 물줄기로 떨어졌습니다. 이는 세상에서 느끼는 오감을 뜻했습니다. 여자가 한 발은 물웅덩이에 담그고 다른 한 발은 마른 땅 위에 올리고 있었는데, 이것은 이전에 배운 대로 균형을 의미했습니다. 물은 여자의 직감이며, 땅은 여자를 제자리에 고정시키는 닻 같은 것이었습니다.

그는 심호흡 하며 마법 같은 광경을 받아들였습니다. 그리고 이 모습이 왜 특별하게 느껴졌는지 깨달았습니다. 자아가 거의 사라진 지금 세상을 새로운 시각으로 볼 수 있게 된 것입니다. 그가 마주한 모든 일에 순수함이 깃들어 있었고, 잃어버렸던 천진무구함이 되돌아온 듯했습니다.

여자의 관심은 오로지 물을 흘려보내는 일에만 쏠려 있어서 광대의 존재를 전혀 알아차리지 못한 듯했습니다. 그런데도 광대는 자신이 침입자처럼 느껴지지 않았습니다. 그 자리에서 모든 것을 목격하는 일이 옳게만 느껴졌습니다.

그때 여자 뒤편으로 하늘에서 떠오른 것처럼 보이는 거대한 별이 눈에 띄었습니다. 별은 그 광경을 환하게 비춰주었고, 그 때문에 여자는 한층 더 찬란히 빛났습니다. 광대는 여자가 별로 빚어졌을지도 모른다고 생각했습니다. 여자의 몸가짐에는 어딘가 이 세상 사람 같지 않은 구석이 있었기 때문입니다. 여자는 인간의 모습에 익숙지 않아 보였고, 그래서 그녀의 모든 몸짓이 신중하고 우아해 보였습니다. 전혀 서두르지 않는 것도 그녀에게 시간은 무의미하기 때문이었습니다.

일곱 개의 작은 별이 큰 별을 둘러싸고 있었습니다. 별들은 각자 하늘에 빛을 바치며 그림을 이루었는데, 하나하나가 똑같이 중요했습니다. 그 별들은 반짝이는 형태에 싸여 있는 작은 불덩이로, 인간 정신의 일곱 가지 차크라와 같이 긍정적인 치유의 기운을 주고자 거기에 있었습니다.

광대는 지금 이 순간 여기 있을 수 있다는 것이, 이 천사 같은 존재를 볼 수 있고, 그녀가 하는 행동의 의미를 이해할 수 있다는 것이 너무나 영광스러웠습니다. 그는 큰 별에서 눈을 뗄 수가 없었습니다. 별이 마치 그를 점점 잡아당기고 있는 것 같았고, 광대도 별이 내뿜는 찬란한 빛줄기에 몸을 담그고 싶어졌습니다.

광대는 어느새 여자가 있는 쪽으로 미끄러지듯 비탈을 내려갔습니다. 별빛이 그를 번쩍 들어 올려 몸이 공중에 떠 있었기 때문에 다리를 움직일 필요도 없었습니다. 환희가 그의 몸 구석구석 물밀듯이 밀려들었습니다. 진심에서 우러나오는 기쁨을 느끼며, 그는 깨우침이 임박했음을 알았습니다.

별의 힘과 교감하는 순간, 순수한 사랑의 에너지가 온몸에 흘러넘쳤고 신성한 영혼이 언제나 내면에 자리하고 있었다는 사실을 깨달았습니다. 이런 깨달음은 그를 희망으로 가득 채웠습니다. 찬란히 빛나는 별이 다가올 그의 미래에 축복을 내린 것 같았습니다. 앞으로도 난관은 여전히 있을 것이고, 그가 결정하거나 계획하지 못하는 일들도 있을 테지만, 영적인 교감은 늘 그를 안아 일으키고 그가 사랑으로 행동하도록 도울 것입니다.

여자가 그의 마음에 대고 말했습니다. 그녀의 목소리는 하늘처럼 또렷하고 낭랑했습니다.

"믿음을 가지고, 그 믿음을 가슴 깊이 간직하세요. 그러면 언제까지나 축복을 받으실 거예요."

광대가 미소를 지었습니다.

"그럴게요. 저는 다시 태어났고, 제 희망도 새로 태어났습니다. 이런 신성한 선물을 제게도 나눠주셔서 감사합니다."

"그건 늘 당신과 함께했답니다. 평온함과 또렷한 정신만 있으면 볼 수 있어요."

광대는 잠재력의 기운을 느끼고 설렜습니다. 하루하루가 새로운 시작이자 미래의 어느 부분이든 바꿀 기회, 현재를 더욱 만족스럽게 만들 기회였기 때문입니다. 그는 소리 내어 웃으며 지금의 행복을 마음껏 누렸습니다. 별을 향해 두 팔을 활짝 벌린 채 빙글빙글 돌았습니다. 별들을 품에 안아 그의 영혼에 담을 수 있었다면 그렇게 했을 것입니다.

밤이 새벽의 여명에 자리를 양보하고 떠날 때, 광대는 새로운 하루를 시작했습니다. 탑에서 느꼈던 나약함이나 낙담은 더 이상 없었습니다. 별이 그에게 감사해야 할 것들을 많이 알려준 덕분이었습니다. 광대는 태어날 때부터 자신에게 주어진 신성한 권리와 이 우주와의 연결을 되새겼습니다. 당당하게 서서 아침 바람을 단숨에 들이키고 주위를 둘러보았습니다. 갈 곳도 많고, 가능성도 많았습니다. 오늘을 즐기며 성큼성큼 나아가 두 팔 벌려 미래를 반기기만 하면 되었습니다. 광대는 활짝 웃었습니다. 지금 새로운 출발보다 더 좋은 것은 없었습니다.

"새로운 날의 모험이여, 시작되어라!"

광대는 소리친 후 휙 돌아서서 첫 발을 내디뎠습니다.

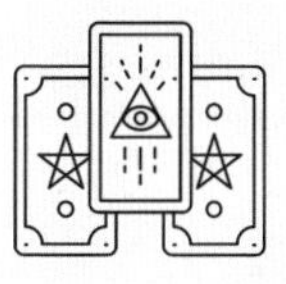

별은 희망의 불빛이며 긍정적인 시기를 암시합니다.

터널 끝에는 광명이 있고, 기쁨은 우리 곁에 있습니다.

THE MOON.

18 달 THE MOON

광대는 큰 별과 우연히 마주친 후 황홀한 상태에 빠져 있었습니다. 은빛 광선이 그의 마음을 사로잡아 영혼 깊숙이 스며들어 있었습니다. 그는 날아가듯 언덕을 내려와 계곡을 지나고, 오르막도 가뿐히 올랐습니다. 한바탕 공상에 잠겨 다른 것은 아무것도 중요해 보이지 않았습니다.

큰 별을 만났을 때 그에게 찾아왔던 기분 좋은 낙관은 사라지고, 어느덧 아득하고 멍한 느낌이 그 자리를 대신했습니다. 마치 머리가 멍해지는 기분에 자꾸 걸음을 헛디디며 어떤 것에도 제대로 집중하지 못했습니다. 처음에는 마음의 평화를 느끼고 만사가 잘 될 거라는 자신감이 가득했습니다. 그러다 시간이 지나면서 점점 기쁨은 거의 황홀감으로 바뀌었습니다. 도가 지나쳤던 것일까요? 어쩌면 그랬을지 모릅니다. 광대에게는 여전히 배워야 할 것들이 남아 있었습니다.

시간의 수레바퀴가 계속 돌아 어느새 밤이 되었는데, 그는 어둠이 내려앉은 것도 모른 채 풍경 속을 돌아다녔습니다. 결국 길을 잃었지만 몽롱한 상태에서 그것은 그에게 아무 의미 없었습니다. 밤의 한기가 뼛속까지 파고들었지만 추위를 전혀 자각하지도 못했습니다. 현실을 넘나들듯 광대는 반쯤 정신이 나가 있었습니다.

달이 은은한 빛으로 두 탑 사이를 비추었습니다. 높은 하늘에 자리 잡고서 땅을 주시하고 있는 달은 광대의 여정과 지금 광대가 걸어가야 하는 이 구불구불한 길을 볼 수 있었습니다. 달은 그가 비틀거리고 넘어지며 일보 전진하고 이보 후퇴하면서 제대로 나아가지 못하는 모습을 진지하게 지켜보았습니다.

광대는 환상의 세계에 빠진 나머지 앞에 있는 작은 웅덩이조차 보지 못했습니다. 그는 혼란스러운 생각이 머릿속을 맴도는 가운데 휘청이며 깊은 물속에 털썩 무릎을 꿇고 말았습니다. 첨벙하는 소리에 광대가 곧바로 정신을 차렸습니다. 얼음 같이 찬물에 놀라 숨을 헉헉거렸습니다.

"이게 뭐지? 여기는 어디지?"

불안한 바람이 휩쓸고 지나가자 별안간 외로움이 가슴에 사무쳤습니다. 고개를 들어 위를 보니 달이 그를 지켜보고 있었습니다. 땅 위에 드리워진 어슴푸레한 빛줄기는 갈 길을 환히 밝혀주기에는 역부족이었습니다.

"왜 나는 어디로 가고 있는지도 모르고 있었지?" 광대가 고개를 절레절레 저으며 눈을 비볐습니다. "나한테 무슨 문제라도 있는 걸까?"

그때 잠재의식 깊숙한 곳에서 튀어나온 뿌리 깊은 욕망이나 정신 나간 환상 등등 그의 머릿속을 어지럽히고 그를 이 지경에 이르게 했던 잡념들이 떠올랐습니다. 지금까지 몽유병자처럼 돌아다녔으니 이렇게 이상한 장소에 있는 건 당연했습니다.

그때 환영이 흘깃 눈에 들어왔습니다. 흉악한 짐승이나 깜박거리는 불꽃이었습니다. 환영들의 속삭임이 그를 괴롭혔습니다.

"저리 가! 날 내버려 둬. 난 여기 사람이 아니라고! 어쩌다 이런 데 오게 된 걸까?"

제 발로 왔다는 걸 알고 있었기 때문에 질문해도 소용없었습니다. 늑대와 개가 일제히 울부짖는 소리가 그의 머릿속을 파고들었고, 물웅덩이 맞은편 초원에 그들이 서 있는 것을 보았습니다.

"이상하기도 하지. 야생동물과 길들여진 동물이 함께 서서 울부짖다니."

이 모순은 그에게도 해당되었습니다. 머릿속을 떠나지 않는 비현실적인 환상을 상대로 논리와 이성이 계속 싸우고 있었기 때문입니다.

"무엇이 현실인지 어떻게 구분해야 할까? 옳은 길은 어떻게 찾지?"

그때 물에서 나온 가재가 보였습니다. 가재는 잠재의식을 뚫고 나오는 초능력을 상징했습니다. 광대는 사물을 명확하게 보려면 자신 또한 직감을 수면 위로 떠올려야 한다는 사실을 깨달았습니다. 광대는 고개를 들어 은은한 달빛을 한껏 받아들였습니다. 달빛은 그의 영혼을 달래주고 소용돌이치는 그의 머릿속을 진정시켜 주었습니다.

　고요 속에서 사고가 명확해지자, 그는 비록 달이 몽상을 일으켰지만 평화와 이해 또한 북돋아주었다는 것을 깨달았습니다. 균형이 문제의 본질이라는 생각이 들었습니다. 어디까지 갈지 아는 것, 광기에 굴복하지 않고 영감을 얻으려 노력하는 것, 나의 노력이 맺은 결실을 누리고 기뻐하되 자만하지 않는 것. 별의 은총은 강력하고 참된 것이지만, 환상을 극복하는 법을 배우고 사고를 자유롭게 하되 도를 넘지 않는 법을 알아야 합니다. 그는 길을 잃었지만 달의 길잡이 능력으로 옳은 길을 찾게 될 것임을 알았습니다. 몽상의 길을 걸으면서도 세상을 볼 수 있었습니다.

　"달님. 상상의 나래를 펼치게 해주시고, 온전한 정신으로 희열의 순간을 경험하게 해주십시오."

　달이 잠시 미소를 짓는 것 같았습니다. 그 미소는 행복과 평온함을 담은 기쁨이 넘친 듯한 모습이었습니다.

　광대는 어둠 속에서 눈을 가늘게 뜨고 보았습니다. 여전히 갈 길이 훤히 보이거나 어디로 가야 할지 아는 건 아니었지만, 약간의 안내와 직감만 있으면 돌아가는 길을 찾을 수 있을 것 같았습니다. 시끄럽게 울부짖던 개와 늑대도 조용해졌습니다. 그들은 광대가 자기들 중 하나를 선택하길 기다리기라도 하듯 먼 발치에서 그를 경계하며 바라보았습니다.

　"난 한쪽을 고르지 않아. 너희 둘 다 고를 거야. 내 영혼은 야생처럼 거칠기도 하고 순하기도 하니까."

　광대는 물웅덩이를 피해 두 개의 탑으로 씩씩하게 걸어갔습니다. 두 탑 사이에 떠 있는 달을 보니 그곳이 가야 할 방향 같았습니다. 그는 너무 멀리까지 내다보지 않았습니다. 대신 자신의 발걸음을 응시했습니다. 한발 한발이 만들어내는 박자와 부드러운 호흡의 리듬을 속으로 셌습니다. 그는 의식과 무의식 사이의 보이지 않는 끈 위를 걷는 것처럼 한층 더 집중했습니다.

달은 보이는 것이 전부가 아님을 암시합니다.

이때는 환상을 보는 시기입니다.

직관을 따르면 빛을 찾을 것입니다.

XIX
THE SUN.

19 태양 THE SUN

광대는 새로운 날이 밝아오는 것을 흥미롭게 지켜보았습니다. 지금까지 모든 날이 그랬듯 그저 새로운 모험이 시작되는 것이었지만 오늘따라 특별하게 느껴졌습니다. 많은 일을 겪고 나니 일출을 보는 것에도 진심으로 감사한 마음이 들었습니다.

그는 광활한 대지가 건너다보이는 언덕배기에 앉았습니다. 짙은 흙갈색, 연한 춘록색, 그리고 저 멀리 옥수수 같이 노란 고원이 눈에 들어왔습니다. 그는 다채로운 빛깔들을 가슴속 깊이 새기며 "감사합니다"라고 되뇌었습니다. 이곳은 그의 왕국이었고, 그 어느 때보다 왕국과의 유대감이 강렬하게 느껴지는 곳이었기 때문입니다. 아이가 된 듯한 마음으로 주변을 살펴보니 마치 난생처음 보는 것처럼 모든 것이 새로웠습니다. 만물을 볼 때마다 놀라운 마음이 깃들었습니다.

"이렇게 아름다운 걸 왜 전에는 알아차리지 못했을까?"

광대가 스스로에게 묻자, 이에 응답하듯 찌르레기의 노랫소리가 들렸습니다. 기분이 좋아지는 멜로디에 기쁨이 충만해지자, 광대는 음 하나하나를 속으로 따라하며 가슴에 새겼습니다. 바람이 그의 얼굴을 스쳐 곱슬곱슬한 머리카락을 어루만지고 어깨를 휘돌아 감싸 안았습니다. 그렇게 그를 그 자리에 단단히 붙들고 영감이라는 망토를 둘러주었습니다. 망토를 쓴 광대는 세상을 응시하며 마음속에 새로운 아이디어가 서서히 자라도록 내버려두었습니다.

"이 얼마나 기쁜 일인가, 이렇게 날이 밝는 걸 보다니." 광대는 의기양양하게 말했습니다. 마치 승리한 것 같은 기분이었습니다.

시간이 걸리기는 했지만 광대는 마침내 인생의 의미를, 매 순간이 얼마나 소중한지를 깨달았습니다. 별을 만나고 가슴 속에 차올랐던 희망과 기쁨은 망상과 혼란으로 변했었습니다. 다른 상태에 빠지거나 변결되기 쉬우니 항상 유념해야 한다는 것을 배웠습니다. 주의를 기울이고 온전히 집중하면 크나큰 기쁨도 경험할 수 있고, 타고난 창의력이 술술 발현되도록 내버려두면서 현실 감각도 잃지 않을 수 있습니다.

광대는 하늘에서 쏟아져 나오는 빛깔들로 인해 만들어진 한 폭의 그림 같은 지평선을 가만히 바라보았습니다. 황금색 구체인 태양이 떠오르자 연분홍빛과 호박빛이 어우러져 아름다운 오렌지빛 배경이 탄생했습니다. 광대는 눈을 가늘게 뜨고 햇빛 광선이 마침내 피부에 완전히 스며들 때까지 내버려두었습니다. 그 빛을 들이마셔 자신의 영혼 깊숙이 받아들였습니다.

"행복하다는 게 이런 것이구나."

그는 똑바로 서서 큰 소리로 말하고는 태양의 힘을 인생에 기꺼이 맞아들이겠다는 듯 두 팔을 활짝 벌렸습니다. 그는 저 둥그런 물체가 신 같은 존재라서 가장 딱딱한 심장도 녹일 수 있는 따뜻한 광선을 가지고 있다고 상상했습니다. 저 멀리 해는 반짝이는 보석처럼 보였습니다. 아무도 차지할 수 없지만 모두가 함께 누릴 수 있는 선물 같았습니다. 그 빛 아래 있는 것만으로도 미소를 짓기에 충분했습니다. 다 괜찮다는, 다 괜찮아질 거라는 의미였습니다. 태양의 역동적인 에너지만 곁에 있다면 무엇이든 가능했습니다.

이때 마침 다른 존재가 하나 더 있다는 것을 알아차렸습니다. 어깨에 코를 부드럽게 비비는 느낌이 나서 올려다보았더니 바로 옆에 아름다운 흰색 말 한 마리가 있었습니다. 이 피조물 또한 태양이 하늘에서 제자리 잡기를 지켜보고 있는 듯했습니다.

"넌 어디서 왔니?"

눈부시게 아름다운 말이 본인 때문에 여기 있는 거란 걸 믿어 의심치 않으며 광대가 물었습니다. 말이 작은 소리로 히힝 울었습니다.

"넌 내게 찾아온 멋진 선물이야." 그가 말을 마치자 말이 부드럽게 히잉 울었습니다.

광대는 저 아래 골짜기를 내려다보았습니다. 골짜기가 어서 오라고 손짓하는 것 같았습니다.

"너도 가고 싶지?"

광대가 말의 옆구리를 토닥거리며 말했습니다. 말이 고개를 끄덕이더니 광대가 올라탈 수 있게 다리를 낮췄습니다.

"우리 함께 이 멋진 날을 즐겨보자!"

그들은 함께 안정된 속도로 골짜기로 내려갔습니다. 서두를 필요가 전혀 없었기에, 그들은 주변을 새로운 마음으로 보았습니다.

마침내 높은 벽돌담 문에 다다라서 그 문을 통과했습니다. 문 반대편에는 가장 장엄한 광경이 펼쳐졌습니다. 마치 방문객들을 환영하는 듯 해바라기들이 일렬로 위풍당당하게 우뚝 서 있었던 것입니다. 황금빛 둥근 얼굴들은 하늘을 훑고 가는 태양의 경로를 쫓으려고 다같이 하늘을 바라보고 있었습니다. 힘과 활력의 상징인 해바라기가 어찌나 의젓하게 자리를 잡고 서 있던지 광대는 미소를 짓지 않을 수 없었습니다.

그 순간 광대는 어떤 걱정이나 근심 없이 갓 태어난 작은 아기가 된 듯한 활력을 느꼈습니다. 그는 말을 타고 두 팔을 벌린 채 앞으로 나아갔습니다. 그를 단단히 붙잡아주는 사랑의 에너지에 둘러싸여 안전했기에 두려워할 필요가 없었습니다. 원한다면 무엇이든 될 수 있고, 무엇이든 할 수 있었습니다. 지금은 그가 빛을 발할 차례였습니다.

광대는 하늘에서 흐뭇하게 웃고 있는 태양을 보았습니다. 크기가 커진 태양이 대지에 온기를 내리쬐자 크고 작은 만물이 태양의 존재를 느꼈습니다. 식물들이 눈부신 햇살에 닿으려고 꽃밭에서 벌떡 일어나 몸을 최대한 곧게 뻗었습니다. 활짝 피어나게 도와주는 생명력이 햇빛임을 그들도 알고 있었던 것입니다.

광대 역시 그 순간에 깊이 빠져 있었습니다. 전처럼 꿈과 환상의 길을 눈 감고 휘청거리며 걷는 것이 아니라, 현재에 온전히 집중하며 경탄했습니다. 마침내 자신에게 꿈을 실현할 힘이 있다는 사실을 깨달았습니다. 그 힘은 늘 그의 안에 있었기 때문에 외부의 도움을 좇을 필요가 없었습니다.

"아, 정말 굉장한 날이야! 오늘을 최대한 만끽하겠어!"

광대는 흰 말에서 미끄러지듯 내려와 바닥에 착지했습니다. 가슴 속에는 사랑을 가득 담고 머릿속에는 더없는 행복을 채우고서 앞으로 나아갔습니다.

태양은 온기와 행복을 가져다줍니다.

당신은 활력으로 가득 차 있으니 햇살을 마음껏 받으세요.

이제는 당신이 빛날 차례입니다.

JUDGEMENT.

20 심판 JUDGEMENT

주제 : 돌파, 용서, 내면의 부름, 일생의 목적

찬란한 태양이 준 기쁨은 광대에게 아주 오랫동안 남아 여정을 계속하는 데 필요한 에너지가 되었습니다. 그의 모험도 막바지를 향해 가고 있었습니다. 이전과는 분위기가 달랐고 모험의 시간이 다 되어 가고 있다는 느낌을 받았습니다. 그렇다고 걱정이 되지는 않았습니다. 자신이 와야 할 곳에 왔다는 것을 알고 있었기 때문입니다. 황야로 떠난 짧은 여행에서 많은 것을 배우고 성장했으며, 모험을 떠난 덕분에 온갖 존재와 만날 수 있었습니다. 영적인 세계에 들어가 영혼이 깊어지는 일도 경험했습니다. 규칙과 지침의 중요성, 직감을 신뢰하는 법에 대해서도 배웠습니다. 이제는 더 높은 자아와 마주하고 심판의 부름을 받아 운명을 완수할 때였습니다.

모든 영혼은 빠짐없이 이 땅에 오기 전에 약속을 한다는 것을 광대는 알고 있었습니다. 그 약속이란 삶의 목적에 대한 합의입니다. 광대 역시 사명을 위해 헌신했고, 이제는 날아올라 온 마음을 다해 그 길을 따라야 했습니다. 어느 길로 갈지, 어떤 가치관을 취할 것인지 선택해야 할 순간이었습니다. 여행 중에 얻은 지혜와 경험이 올바른 결정을 내리는 데 도움을 줄 것입니다.

가는 길에 광대는 묘지를 발견했습니다. 마침 이런 순간에 이토록 영적인 장소에 오다니, 정말 딱 어울린다고 생각했습니다. 그는 잠시 멈추고 지하에 누워 있는 자들을 곰곰이 생각했습니다.

'그들은 어쩌다 여기 오게 되었을까? 어떤 최후를 맞이했을까? 끝은 곧 새로운 시작이라고 죽음으로부터 배웠는데 저 모습이 최후라면 어찌된 일일까?'

광대는 그들이 어떤 사람들이었는지, 그들이 겪은 일들도 그의 경험과 비슷했을지 궁금했습니다. 아마 그들도 다음 단계로 나아가기 위한 그들만의 영적인 모험이 있었을 것입니다. 광대는 그들의 구원과 남겨진 사람들을 위해 엄숙하게 기도했습니다. 자신을 위한 기도도 잊지 않았습니다. 그도 언젠가는 이와 같은 단계를 밟아야 할 것임을 알고 있었기 때문입니다.

묘지를 막 떠나려는 찰나, 하늘이 둘로 갈라지듯 번개가 치더니 요란한 천둥소리가 났습니다. 눈부신 빛에 광대는 두 눈을 가리고 비틀거리며 뒷걸음질을 쳤습니다.

빛이 점차 옅어지고 거인 같은 천사가 나타났습니다. 거대한 붉은 날개를 달고 입에 나팔을 대고 있는 대천사 가브리엘이었습니다. 가브리엘은 무덤을 내려다보더니 나팔을 불었습니다. 귀청이 떨어질 듯한 큰 소리는 저 멀리 산에까지 울려 퍼졌습니다. 진실의 나팔 소리가 광대의 영혼 깊숙이 울려 퍼지자 잠자고 있던 그의 일부가 깨어났습니다. 망자의 영혼들이 땅속 무덤에서 두 팔을 앞으로 쭉 뻗은 채 흙을 뚫고 나왔습니다. 그러고는 하늘에 있는 천사에게 자신들을 구원해 달라고 부르짖었습니다. 부활의 때가 온 것입니다.

광대는 난생처음 보는 광경에 놀랐습니다. 죽어 있던 자들이 부름을 받고 무덤에서 일어나 따뜻한 햇볕을 느꼈습니다. 광대도 부름을 받았지만 그들과는 이유가 달랐습니다. 자신의 진정한 목적을 받아들이기 위함이었습니다. 이제 궁극의 단계로, 그가 다시 땅으로 내려올 때였습니다. 그것은 모험의 끝이 될 수도 있지만, 새로운 모험의 시작이 될 수도 있을 것입니다.

광대는 눈을 감고 양손을 가슴에 얹었습니다. 직관이 하는 말을 귀 기울여 듣고 영혼이 말을 하게 내버려두었습니다. 이제 그는 자신이 무엇을 해야 할지, 자신에게 예정된 것이 무엇인지 알았습니다. 지금까지의 모든 가르침으로 얻은 지식을 온 세상에 나눠야 할 때가 온 것입니다.

광대는 무덤 속에 있던 무리가 깊은 땅속에서 몸을 끌어올려 앞으로 움직이는 것을 지켜보았습니다. 오랫동안 갑갑하게 갇혀 있던 곳에서 스스로 나오려면 얼마나 힘이 들까요? 하지만 새로운 시작이란 원래 다 그런 것이 아닐까요?

부름을 받아 뭔가를 뚫고 나오는 것은 결코 쉽지 않은 일이지만 보람찬 일이기도 합니다. 광대는 그런 생각들을 마음속에 새겼습니다. 자신 또한 그런 돌파구를 맞이할 준비가 되어 있었습니다. 설령 그것이 지금까지의 여정을 내려놓는 일이라고 해도 말이죠.

어느덧 대천사 가브리엘이 사라지고 하늘에는 구름만이 떠 있었습니다. 구름이 광대의 머리 위를 드리웠지만 그의 마음까지 흐려놓지는 못했습니다. 광대는 영적으로 성장하여 세상에 자신의 흔적을 남길 시간이 왔음을 확신했습니다. 묘지에서 벗어나니 그 앞에 산이 보였습니다. 그러나 여태까지 지나온 다른 산들과는 달랐습니다. 이 산은 앞으로 닥칠 장애물과 심판을 상징했습니다. 그가 선택한 길은 험난하고, 익숙했던 예전 삶으로 돌아가는 일이 결코 쉽지 않을 것임을 잘 알았습니다. 광대는 각오가 되어 있었습니다.

발끝에서부터 가슴과 폐에 이르기까지 숨을 깊이 들이마신 광대는 여정의 마지막을 향해 나아갔습니다. 그는 저 산을 정복하여 다른 사람들도 영적인 모험을 할 수 있도록 여태까지 배운 것들을 전부 나눌 것입니다. 이것이 그의 소명이자 높은 자아가 속삭였던 진정한 목적이었습니다. 마침내 그는 용서를 받은 듯 해방감을 느꼈고 이제 자신이 어떤 존재가 되어야 할지에 대한 준비를 마쳤습니다!

심판 카드는 당신에게 일어나라고 외칩니다.

당신에게 찾아온 어떤 전환의 순간, 돌파구를 맞이합니다.

과거는 흘려보내고 미래로 나아가세요.

XXI
THE WORLD.

21 세계 THE WORLD

주제 : 완성, 순환의 완성, 완수, 업적

마침내 광대는 산맥의 정상에 섰습니다. 그의 앞에는 사뭇 달라 보이면서도, 그가 아주 잘 알고 있는 풍경이 펼쳐졌습니다. 바로 그의 고향이었습니다. 고향이 손에 닿을 듯 가까이 있어서, 한 번 더 믿음을 품고 도약하기만 하면 됐습니다.

구름이 걷히자 마침내 고향이 또렷이 보였습니다. 그곳은 몇 마일이나 떨어져 아득한 아래에 자리하고 있었지만 광대는 개의치 않았습니다. 돌아가 순환을 마무리할 준비가 되어 있었습니다. 순환의 완성으로 그는 시작 지점에 돌아와 있었지만, 옛날에 길을 나섰던 때와는 완전히 다른 사람이 되어 있었습니다. 여행은 그에게 영혼을 채워주었고, 자아를 새롭게 일깨워주었고, 전에는 한 번도 상상해보지 못했던 자신감을 가져다주었습니다. 몹시 고되고 힘든 여정이었지만 그는 이곳에 이르기 위해 온 힘을 다해 노력했습니다. 이제는 보답으로 태양 아래 서서 뭇사람들의 주목을 받을 차례였습니다. 광대는 남들이 자신을 어떻게 볼지, 예전과 달라진 걸 알아볼지 궁금했습니다. 몸도 마음도 모두 성숙해졌다는 생각은 분명했습니다.

그때 흐릿하고 반짝거리던 형상이 여인의 모습으로 나타나며 주변의 분위기가 바뀌었습니다. 여인은 원형 화환 안 공중에 떠 있었습니다. 대부분의 사람들에게는 이상해 보이겠지만 광대는 전혀 놀라지 않았습니다. 이미 너무나 많은 걸 보았기에 이제 이런 것은 꽤 평범해 보였습니다. 여인은 자주색 천을 몸에 걸친 채 춤을 추고 있었습니다. 고개는 뒤로 하고 몸은 앞을 향하고 있는 모습은 과거에는 경의를 표하지만 미래를 향해 나아갈 준비가 되어 있음을 뜻했습니다. 광대 역시 같은 마음이었기 때문에 적절한 표현이라고 여겼습니다. 그는 지나온 길의 의미와 자신이 쏟은 노력의 가치를 잘 알고 있었고, 앞으로 나아가고 싶기도 했습니다.

광대가 모험을 시작했을 때 만난 마법사가 들고 있던 것과 비슷한 지팡이 두 개가 여인의 양손에 쥐어 있었습니다. 그가 여정을 마쳤음을 상징했습니다.

'만물은 순환하는구나.'

화환 또한 삶의 순환하는 본질을 나타냈습니다. 여인은 반대편으로 건너가 다음 단계로 나아가기만 하면 되었습니다. 화환 둘레에는 사자, 황소, 아기천사, 독수리의 형상이 떠 있었습니다. 각각은 변화하는 과정의 길잡이이자 황도십이궁 중 네 개의 고정궁이기도 했습니다. 그들은 운명의 수레바퀴가 나타냈을 때에도 자리하고 있었습니다.

"만물은 이어져 있어."

광대는 숨 막힐 듯 아름다운 광경을 경이롭게 바라보았습니다. 네 개의 고정궁은 네 개의 원소인 흙, 공기, 불, 물을 나타내며, 사계절이자 전 세계이기도 합니다.

"세계."

마침내 이것들이 다 무엇을 의미하는지 이해한 광대가 말했습니다. 그것은 완수와 완성의 상징, 성공을 인정하는 순간, 행위와 존재의 기쁨을 한껏 즐기는 순간을 상징했습니다. 세계와 마찬가지로 그 또한 완전체였습니다. 이제 그의 과업이 완료되어, 이 순간을 즐기기만 하면 되었습니다. 그는 지금까지의 여정을 되돌아보고 얼마나 멀리 왔는지를 되새겨보는 것이 정말 중요하다고 느꼈습니다. 괴로움과 즐거움, 고난과 시련은 모두 과거의 일부였지만 여전히 의미가 있었습니다. 눈앞의 여인처럼 광대 역시 지나간 것과 다가올 것 모두에 경의를 표할 수 있습니다. 또한 여태까지 쌓은 지식과 교훈을 활용하여 새로운 단계에서 도움받을 수 있을 것입니다.

난생처음 세상에 나섰던 때와는 달리, 이번에 느끼는 설렘에는 경험이 녹아 있었습니다. 인생에서 무엇 하나 만만한 것은 없고 우여곡절은 있을 테지만, 그것 또한 여정이 주는 기쁨입니다.

광대는 잠시 여인의 눈을 응시했습니다. 여인이 춤추는 모습을 보다 보니 자신도 어느새 멀리서 들려오는 멜로디에 맞춰 흐느적거리며 몸을 움직이고 있었습니다.

'이런 게 바로 흐름을 타는 것, 우주와 인생의 목적과 궤를 같이 하는 것이구나.'

춤추던 여인의 형상이 시야에서 점차 사라지고 남은 것이라고는 공중에 걸린 화환뿐이었습니다. 화환이 그에게 가까이 와보라고 손짓하자 광대는 벼랑 끝을 향해 천천히 걸어갔습니다. 아래를 내려다보거나 위를 올려다보지 않고 정면만 응시했습니다.

"저 바깥에 내 미래와 운명이 있으니 나는 그걸 끝내야 해. 나의 지식을 온 세상에 나누겠어. 두 눈으로 본 다채로운 이미지와 장면으로 길을 찾아나가는 방법, 운명과 조화를 이루며 살아가는 방법을 보여줄 거야. 그림 하나하나에는 저마다의 목적과 의미가 담기게 될 거야. 그 그림을 보면 내 여정에서 어느 단계를 말하는지 이해하고 그걸 각자의 인생에 적용할 수 있게 되겠지. 그러면서 그들에게는 지침으로 삼을 수 있는 청사진이 생길 테고. 그게 내 소명이자 내가 해야할 일이야. 나의 이야기를 모두와 나누고, 그들도 이 이야기를 마음 깊이 새길 수 있으면 좋겠다."

광대는 자신의 쓸모를 맹세하고는 이 이야기의 시작점에서 했던 것처럼 산에서 벗어나 높은 하늘로 한 걸음씩 당당하게 나아갔습니다.

그는 화환을 통과하여 반대쪽으로 나와 완전하고 상쾌한 기분으로 세상에 다시 들어섰습니다. 그의 자아는 회복되고 영혼의 본질도 온전했습니다. 마침내 광대는 삶의 목적과 자신이 있어야 할 자리를 깨달았습니다. 그것은 순환의 끝이자 새로운 어떤 것의 시작이었습니다.

그의 모험은 성공적이었습니다.

모든 것이 순리대로 되었습니다.

광대의 여정은 마침내 완결되었습니다.

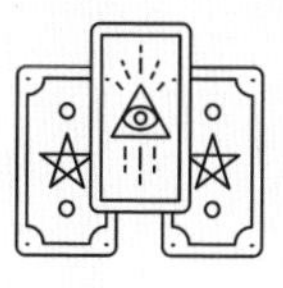

세계 카드는 성공의 신호입니다. 목표에 도달했으니

잠시 여유를 가지고 이 느낌을 마음껏 누리세요.

순환은 완성되었고, 성취감이 당신을 기다립니다.

ACE of PENTACLES.

ACE of SWORDS.

ACE of CUPS.

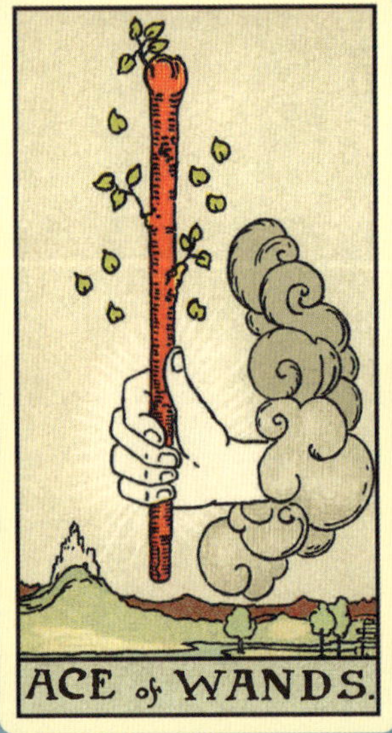
ACE of WANDS.

마이너 아르카나
The Minor Arcana

번호가 매겨진 네 가지 슈트 카드와 코트 카드(페이지, 나이트, 퀸, 킹)가 들어 있으며, 각 슈트는 전체를 관통하는 주제를 담고 있다. 메이저 아르카나보다 가벼이 여기기 쉽지만, 이 카드들 또한 타로 팩의 구성요소이며 리딩을 해독하는 데 중요한 역할을 한다. 마이너 아르카나는 감정의 기복, 골칫거리, 기쁨 같은 일상생활에서 일어나는 문제들을 다루기 때문에 모두가 더욱 공감할 수 있다.

각 슈트는 팩 내에서 제 자리가 있으며, 일상의 각기 다른 면에 대한 통찰과 관점을 제공한다. 펜타클 슈트는 안전과 풍요라는 핵심적인 욕구를 나타낸다. 돈이 어떤 역할을 하는지, 우리를 어떻게 바꿔놓는지 보게 된다. 우리는 삶의 풍요로움을 마주하고, 그 번영을 어떻게 누리며 이롭게 활용할 수 있을지를 깨닫는다. 소드 슈트에서는 열정에 대해 배운다. 우리가 목표를 향해 나아가게 하는 원동력이자, 비도덕이든 아니든 우리를 다양한 방식으로 행동하게 만드는 감정이다. 컵 슈트는 애정 문제를 다루므로 비교적 가벼운 슈트로 보일 수도 있으나, 사랑을 향한 탐구와 사랑이 가져다주는 난관과 축복을 과소평가하지 않는다. 마지막으로 완드 슈트로 우리는 관념의 영역에 가게 된다. 영감은 어디서 유래하며 어떻게 하면 이 에너지로 원하는 것을 만들어낼 수 있는지, 상상의 세계로 나아가면서 소통이 관계 속에서 어떤 역할을 하는지, 그것이 우리에게 어떤 기회를 가져다주는지 발견하게 된다.

앞으로 나오는 이야기들은 각각의 카드가 무슨 의미인지, 슈트 내에서 어떤 위치인지를 이해하는 데 도움을 준다. 이야기를 따라가면서 여정을 계속 이어가다 보면 그 안에 나오는 주제들과 교감하게 될 것이다. 카드 한장 한장이 각기 다른 해석을 제시하지만, 그 한 장은 퍼즐의 작은 한 조각이자 당신의 인생이 어떻게 전개될지를 보여주는 스냅사진 한 장에 불과하다. 당신이 매일 하는 선택이 곧 당신의 미래이며, 마이너 아르카나는 성취의 길을 헤쳐나가는 데 도움을 주는 완벽한 도구가 될 것이다.

펜타클 슈트

The Suit of Pentacles

펜타클 에이스 ACE OF PENTACLES

주제 : 풍요, 부, 기회, 선물

시간과 공간의 경계에 있는 땅, 마법의 속삭임이 바람결에 실려오는 그곳에 세 자매가 살았습니다. 자매 모두 아침 햇살에 일곱 가지 무지개빛으로 빛나는 삼단 같은 머리카락이 너무나 아름다웠지만, 재산은 별로 없었기에 마을 내에 있는 땅을 일구며 소박하게 분수껏 살았습니다. 매일 고된 노동을 이어가던 자매들은 각자 다른 생각을 가지고 살았습니다.

첫째인 페니는 벗어날 수 없는 현생에 남몰래 분개하고 있었습니다. 고향으로부터 멀리 떨어진 곳에 가서 가장 좋은 드레스를 입고 금은보화로 장식된 왕좌에 앉아 매일 산해진미를 먹는 꿈을 꾸었습니다. 둘째인 셀린은 그저 모든 걸 독차지하고 싶었습니다. 자신이 가장 열심히 일했으니 가장 큰 몫을 차지할 자격이 있다고 생각했습니다. 가장 큰 몫을 받으면 그것을 치맛자락에 그러모아 애지중지할 셈이었습니다. 셋 중에 가장 상냥하다고 평가받는 막내 채리티는 자신의 일을 즐겼고, 멋진 두 언니와 함께하며 마을에서 할 일이 있다는 사실에 진심으로 감사해했습니다.

자매의 일상은 평범하게 흘러갔지만, 매사에 변화는 불가피합니다. 그 변화는 자매들의 세상을 아주 이례적으로 바꿔놓게 될 터였습니다. 이런 이야기가 종종 그러하듯 세 자매는 난데없이 선물을 받게 되는데, 그것은 바로 풍요였습니다. 집으로 돌아가던 중 꽃을 좀 꺾어볼까 하고 우회해서 숲으로 들어갔다가, 오래된 떡갈나무 밑동 근처에 숨겨져 있던 유산을 발견했습니다. 가지 사이를 비집고 스며든 나선형 햇살에 금빛으로 눈부시지 않았더라면, 그들 역시 못 보고 지나쳤을 것입니다.

"너무 아름다워! 하늘에서 떨어진 게 틀림없어!"

채리티가 보물을 흙 속에서 끄집어내면서 큰 소리로 말했습니다. 그것은 세상에 단 하나뿐인, 크기가 아주 큰 동전 모양의 금붙이였습니다.

"어머나!" 페니가 동생의 손에서 보물을 빼앗으며 소리쳤습니다. "얼마나 반짝이는지 좀 봐!"

“숨겨야 돼.” 셀린이 페니한테서 보물을 낚아채 조심스럽게 가슴에 품으면서 속삭였습니다.

“하지만 그건 우리 것이 아니잖아.” 채리티가 말했습니다. “누군가 잃어버린 걸지도 몰라.”

“이건 우리 거야!” 페니와 셀린이 동시에 외쳤습니다.

세 자매는 서로를 바라보았습니다. 그 순간, 자신들이 우주로부터 풍요로운 축복이라는 선물을 받은 것임을 깨달았습니다. 이 값진 선물을 어떻게 다루느냐에 따라 그들의 운명은 물론, 세상을 바라보는 눈까지 영원히 달라질 수 있었습니다.

펜타클 2번 TWO OF PENTACLES

주제 : 균형, 저글링, 조화, 결정

쌀쌀한 바람이 쌩쌩 불어와 거무스름한 떡갈나무의 가지를 가르며 햇빛을 몰아내더니, 자매가 모여 있는 숲 한가운데에 잿빛 그늘을 드리웠습니다.

"어쩌면 보물을 도로 갖다놓아야 할지도 몰라."

셀린이 꼭 쥐고 있는 황금빛 보물을 채리티가 턱으로 가리키며 말했지만 언니들은 질색했습니다. 오히려 잡기 놀이를 하듯 금화를 자기 혼자 잡으려고 서로 필사적으로 애썼습니다.

"내 거야, 내 거라고!" 언니들은 서로 밀치고 잡아당기면서 우겼습니다.

"그 정도 크기면 언니 둘이서 한 조각씩 가질 수 있지 않아?"

"어떻게 나눌지 누가 정하고?" 페니가 물었습니다. "똑같이 나눠 가지려면 엄청 공들여야 하고, 공평해야 하잖아!"

갑자기 머리 위에서 바스락거리는 소리가 났습니다. 거대한 떡갈나무가 흔들리더니 나뭇가지들을 가르며 이상하게 생긴 남자가 나타났습니다. 튜닉을 입고 뾰족한 모자를 쓴 요정의 모습으로 자매들의 발치에 사뿐히 착지한 후, 유연한 몸짓으로 빙그르르 돌더니 손가락을 두 번 튕겼습니다. 그러자 금화가 둘로 쪼개지면서 남자의 양손에 하나씩 놓였습니다.

"단순히 균형과 조화의 문제입니다." 남자가 어리둥절해하는 자매들을 보며 말했습니다. "겁먹을 것 없어요, 아름다운 아가씨들. 시간을 잘 운영해서 가장 중요한 것이 무엇인지만 알아내면 되거든요. 나머지는 풍요로움의 선물이 알아서 해줄 거예요."

작은 몸집의 남자가 한 발씩 폴짝폴짝 뛰면서 춤을 추자 금화가 위아래로 움직였습니다. 난생처음 보는 마법에 자매들은 그 자리에 얼어붙었습니다.

마침내 입을 연 것은 채리티였습니다.

"친절한 신사분, 이렇게 신묘하게 중재해주셔서 감사합니다. 당신의 지혜로운 말씀에 깊이 감사드려요. 가슴에 새기고 돈 문제를 다룰 때 균형을 잘 잡겠습니다."

작은 남자는 금화를 채리티의 양손에 하나씩 올려놓았고, 채리티는 미소를 지었습니다.

"오늘 중요한 교훈 하나를 깨우친 사람이 있군요. 때가 오면 그 교훈을 꼭 떠올리세요."

남자는 한 발로 서서 우아하게 한 바퀴 돌더니 먼지 소용돌이를 남기며 사라졌습니다.

세 자매는 혹시나 그 남자가 환한 얼굴로 떡갈나무 꼭대기에서 내려다보고 있을까 싶어 위를 쳐다보았습니다. 하지만 그가 거기 있었다고 해도, 꼭꼭 숨어 쥐 죽은 듯 있어서 보이지는 않았을 것입니다.

펜타클 3번 THREE OF PENTACLES

주제 : 협업, 팀워크, 조화, 근면

세 자매는 각자 생각에 골몰한 채 구불구불한 길을 따라 숲을 빠져나왔습니다. 수중에 들어온 보물부터 요술을 부린 남자, 그가 남긴 현명한 조언까지 생각할 것이 너무 많았습니다. 그들의 발걸음 소리는 똑, 똑, 똑, 온화한 패턴 같은 리듬이 되었습니다. 앞으로 나아가는 데 집중하는 동안 머리 위의 날카로운 새소리만이 유일한 반주가 되어주었습니다.

마침내 채리티가 경로를 벗어난 걸 알아차렸습니다.

"이상하네!" 채리티가 낯선 주위를 둘러보며 말했습니다.

어쩌다 보니 다다른 공터는 작은 벽돌 건물 하나와 아치형 창문 하나가 있는 둥그런 공간이었습니다.

"여긴 처음 보는 곳인데."

"예전에 예배당이었던 것 같아." 페니가 말했습니다. "그런데 봐 봐, 지금은 다 무너져가고 있네."

"다시 지어야겠네. 하지만 우리가 뭘 어쩔 수 있겠어."

"우리가 할 일이 있을 것 같은데."

채리티는 다 무너져가는 아치형 창문 쪽으로 다가갔습니다. 아까 그 작은 남자가 했던 대로 채리티도 손가락을 세 번 튕기니 손 안에 있던 금화가 세 개가 되었습니다.

"어떻게 한 거야?" 페니가 헉 하고 놀랐습니다. "마법의 금화가 틀림없어."

채리티는 페니의 말을 못 들은 척하고는 크게 나 있는 구멍에 금화 하나를 올려놓아 틈을 메워서 건물이 단단히 버티게 도왔습니다.

"우리가 힘을 모으면 이 건물을 더 튼튼하게 만들 수 있을 거야."

"그럼 우리 금화를 내놓아야 하잖아." 셀린이 어깨를 으쓱했습니다.

"대신할 다른 물건을 찾을 때까지 잠깐이면 돼."

언니들은 마지못해 동의하고 창문이 똑바로 얹히도록 금화 하나를 놓아서 창틀을 고정했습니다. 그러고는 밭일 할 때 쓰는 연장들로 버려진 돌들을 조금 가져다가 구멍과 딱 맞는 크기가 될 때까지 계속 쪼갰습니다. 세 자매는 산들바람을 따라 노래를 흥얼거리면서 함께 일했습니다. 시간은 조금 걸렸지만 다들 하나가 되어 맡은 일에 몰두하다 보니 시간이 전혀 길게 느껴지지 않았습니다.

이윽고 세 자매는 열심히 일한 결과물을 찬찬히 뜯어보았습니다. 그들의 노력이 그럭저럭 소용 있었는지 석조 예배당이 아까와는 다르게 보였습니다. 창틀이 안정감을 찾은 덕에 금화가 있던 자리에 공들여 다듬은 돌덩어리들을 대신 놓을 수 있었습니다.

"정말 놀라워!" 자매가 일제히 소리쳤습니다.

그때 예복 차림을 한 신사가 등장했습니다. 낯선 이의 등장에 세 자매가 화들짝 놀랐지만, 그 신사는 그들이 일하는 동안 내내 그 자리에 같이 있었다고 말했습니다.

"여러분을 방해하고 싶지 않았거든요, 다들 너무 사이가 좋아 보이셔서요." 남자가 활짝 웃었습니다. "여러분이 제 작은 예배당을 손봐주셔서 얼마나 고마운지 모르겠습니다."

자매들은 웃으며 박수를 쳤습니다.

"우리가 힘을 합치면 무슨 일을 할 수 있는지 봐봐." 채리티가 미소를 짓자 언니들도 고개를 끄덕였습니다.

우애를 회복한 세 자매는 다들 기분이 좋아져 함께 팔짱을 끼고, 주머니에는 각자 커다란 금화 하나씩을 넣고 집으로 향했습니다.

펜타클 4번 FOUR OF PENTACLES

주제 : 필요, 탐욕, 지배, 안심

세 자매는 먼 길을 걸어 숲을 크게 돌아서 숲 반대편으로 빠져나와 언덕배기에 다다랐습니다. 저 멀리에 자신들이 살고 있는 작은 마을의 변두리가 선명하게 보였습니다. 그들은 각자의 희망과 꿈에 대해서 곰곰이 생각해보게 되었습니다. 이제 부를 누리게 되어 무엇이든지 가능해졌기 때문입니다. 그들에게 완벽한 인생을 만들어갈 힘과 가능성이 생겼는데, 과연 그 완벽한 인생이란 정확히 어떤 것일까요? 이것에 대해서는 세 사람 각자 다른 관점을 가지고 있었습니다.

자매들은 잠시 돌로 된 왕좌 앞에 멈추어 숨을 고르며, 지평선 너머로 어렴풋이 보이는 건물들의 윤곽을 바라보았습니다. 다른 시대의 유물이자 번영의 상징인 왕좌는 어마어마하게 거대했습니다. 고대의 어떤 왕이 왕국을 살피려고 만든 것으로, 그 왕은 자신에게 속한 모든 것과 자산이 얼마나 되는지를 여기서 내려다볼 수 있었습니다. 갑자기 무언가의 힘에 홀린 듯, 셀린이 자매들의 금화를 와락 움켜쥐더니 왕좌 위에 기어올랐습니다.

"나한테 얼마나 어울리는지 보렴." 셀린이 자랑스럽게 말했습니다. "나도 여왕 못지않게 부자라고!"

셀린이 동전들을 잡아 품에 안으려 필사적으로 애를 썼습니다.

"다 내 거야!" 셀린의 눈꺼풀은 탐욕으로 파르르 떨렸습니다.

"우리 거지." 페니가 셀린 쪽으로 다가가며 말했습니다.

"더 가까이 오지 마!" 셀린이 윽박질렀습니다. "내 거니까 내가 안전하게 보관하고 관리할 거야." 셀린이 금화 두 개를 꼭 쥐고 다른 금화 하나를 머리 위에 세우려 했습니다.

"그건 언니 것이 아니야. 언니가 노력해서 받은 게 아니잖아. 거저 받은 선물이니, 우리끼리만이 아니라 다른 사람들과도 함께 나눌 수 있는 것이야." 채리티가 달래듯 말했습니다. "우리가 할 수 있는 좋은 일을 생각해봐."

몸 어딘가를 꼬집히기라도 한 듯 셀린이 얼굴을 찡그렸습니다. 품 안에 지닌 것을 잃을지 모른다는 두려움 때문에 불안해졌습니다. 이미 금화 세 개를 다루기에도 힘든데, 그게 더욱 불가능해지는 일이 일어났습니다. 채리티가 또 손가락을 튕기자 금화가 네 개가 되고, 그중 두 개가 바닥에 굴러 떨어진 것입니다.

셀린은 매우 놀라 양발을 뻗어 금화 하나씩을 꼭 밟았습니다.

"금화가 나한테서 빠져나갈 일은 없을 거야!" 셀린이 우겼습니다. "난 부자가 될 자격이 있어."

"유감이지만, 언니가 그걸 다 가질 수는 없어. 언니한테 좋을 게 없을 테니까." 채리티가 말했습니다.

시간이 멈춘 듯 세 자매 모두 그 자리에 얼어붙어 버렸습니다. 셀린은 무표정한 얼굴을 하고 있었지만 미세한 바람에도 머리에 얹어 놓은 금화와 밟고 있는 금화가 날아갈까 두려워하고 있었습니다.

"난 아무것도 잃지 않을 거야." 셀린이 화가 난 듯 낮은 어조로 말했습니다.

"때로는 잃어야 얻을 수 있어." 채리티가 대답했습니다.

펜타클 5번 FIVE OF PENTACLES

주제 : 손실, 고립, 가난, 걱정거리

하늘이 어두워지더니 난데없이 돌풍이 불어와 동전들을 다시 불려놓으며 하나가 더 만들어졌습니다. 칼바람이 왕좌를 휘몰아치며 거친 돌을 세차게 때렸습니다. 바람의 덩굴손이 셀린의 손가락을 할퀴며 꼭 움켜쥔 손을 돌돌 휘감았습니다. 머리 위 금화가 제일 먼저 떨어지고 그 다음에는 가슴에 품고 있던 금화가 떨어졌습니다. 바람이 셀린의 치맛자락에 맹공격을 퍼부어 그녀를 뒤로 넘어뜨렸고, 그녀가 고꾸라지면서 발아래 있던 금화도 사라졌습니다.

셀린은 금화들이 언덕 아래 마을로 굴러 내려가는 것을 망연자실 바라보았습니다. 금화가 빠져나가는 것을 막을 방법이 없었습니다. 굴러가는 속도가 어찌나 빠르던지 어디로 가는지도 알 수 없었습니다.

"대체 왜? 난 왜 가지면 안 되는 건데?" 셀린이 울부짖었습니다.

"언니는 금화를 너무 꼭 쥐고 있었거든." 채리티가 말했습니다.

"하지만 지금은 아무것도 없잖아, 난 모든 걸 잃었다고!"

채리티가 언니의 어깨에 손을 얹었습니다. "다 괜찮아질 거야. 우린 가진 게 아무것도 없이 잘 지냈는걸."

셀린은 머리를 감싸 쥐었습니다. 이토록 외롭게 느껴진 적은 없었습니다. 좀 더 단단히 붙잡았더라면. 하지만 이미 엎질러진 물이었습니다. 그녀가 선물을 손아귀에서 빠져나가게 내버려둔 바람에 이제 모두 고생하게 생겼습니다.

셀린은 하늘을 보며 속으로 기도를 올렸습니다.

'금화만 돌려주신다면 무슨 일이든 하겠습니다.'

하지만 하늘은 너그러워 보이지 않았습니다. 오히려 어둠이 두껍고 무거운 하얀 장막으로 바뀌어 그녀를 짓누르는 것 같았습니다. 싸늘한 냉기가 피부 속까지 스며들어 급기야 심장에까지 이르렀습니다. 숨도 못 쉴 지경이 되자 지금 앉아 있는 왕좌처럼 자신도 돌로 변해버리는 것인가 하던 찰나, 어떤 손이 살갗에 닿는 게 느껴졌습니다. 고개를 들어보니 부상을 입은 어떤 작은 남자가 그녀를 바라보고 있었습니다.

"눈이 올 겁니다." 남자가 속삭였습니다.

셀린은 놀랐습니다. "당신은 대체 어디서 온 거죠?"

"나는 이곳을 떠도는 유령. 잃어버린 것에 대한 기억이자, 그 기억이 필요한 영혼들에게 인생은 그 어떤 보물보다 소중하다는 사실을 상기시켜주는 존재이지요."

셀린이 고개를 저으며 두 눈을 비볐습니다. "이건 진짜가 아니야."

"나는 당신의 욕망 못지않게 진짜랍니다." 남자가 애처롭게 말하더니 그녀의 시야에서 점차 사라졌습니다. 셀린은 그를 잡으려 비틀비틀 앞으로 나아가 손을 뻗었지만 자매들이 그녀를 붙잡았습니다.

"눈이 올 거래." 자매들이 소리쳤습니다. "눈 내리기 전에 가야 해."

셀린은 기계적으로 고개를 끄덕이고는 자매들이 이끄는 대로 높다란 석조 의자에서 내려왔습니다. 그들은 다 같이 축축한 풀숲 위를 미끄러져가며 언덕배기를 비틀비틀 내려왔습니다. 눈이 공중에서 펄럭이며 빠르게 내리다가 마침내 침대 시트처럼 바닥을 넓게 덮었습니다. 한때 선명한 초록빛이었던 곳이 이제 새하얘졌습니다. 색채란 색채는 모조리 빠져나가고 빈 캔버스만이 깔려, 여기서 전에 무슨 일이 있었는지 상상할 수 없었습니다.

바뀐 것은 풍경만이 아니었습니다. 셀린 역시 내면에서 변화를 느꼈습니다. 그녀의 차가운 심장이 녹고 있었던 것입니다. 아까 본 부상당한 남자가 셀린이 과거의 잘못을 뉘우칠 수 있게 도운 덕분이었습니다. 그녀의 절박함이 두려움을 초래하여 모든 것을 파괴했습니다. 그 남자처럼 더 이상 중요하지도 않은 무언가를 찾아 정처 없이 떠도는 영혼이 될 뻔했던 것입니다. 마음을 열고 나누려 했다면, 자매들이 각자의 금화를 가지고 있게 내버려두었더라면 모든 일이 순조로웠을 것입니다. 탐욕 때문에 금화를 다 가지려 하자 결국 좋지 않은 결말을 맞이했습니다. 셀린은 망토 자락을 여미고 내리막길을 걸어가 집으로 향했습니다.

펜타클 6번 SIX OF PENTACLES

주제 : 베풂, 받음, 너그러움, 친절

세 자매는 곧 시장으로 이어지는 큰길에 다다랐습니다. 그곳은 상인들과 농부들을 비롯해 길을 지나가는 이들이 오가며 만든, 사람들이 많이 다니는 길이었습니다. 그런데 오늘은 조용했습니다. 눈이 그치고 맑아져 태양이 다시 빛나기 시작하자 풀과 꽃 무더기가 얼굴을 내밀었습니다. 흠뻑 젖은 치마와 망토가 어깨를 무겁게 짓누르고 지금 웃을 일이라고는 없었지만, 언제나 희망을 잃는 법이 없는 채리티는 그 와중에도 밝은 면을 보려 애썼습니다.

"우리한테는 서로가 있어. 집에도 거의 다 왔잖아. 그러니까 다 잃은 건 아니야."

"하지만 마법의 금화가 없잖아." 페니가 칭얼거렸습니다.

셀린은 아까부터 과거의 잘못을 곱씹느라 너무 깊게 생각에 빠진 나머지 계속 무표정한 얼굴로 침묵했습니다. 그러다 길가에 앉아 있던 남자를 보지 못하고 걸려 넘어질 뻔했습니다.

"어머, 죄송합니다." 셀린이 침울한 얼굴을 한 남자에게 말했습니다. "길을 잃으신 것 같은데, 제가 도와드릴 일이 있을까요?"

남자가 자리에서 일어나 손을 내밀었습니다.

"오히려 물어봐야 할 사람은 접니다. 댁이야말로 온몸이 흠뻑 젖었는데요."

남자가 입고 있는 고급 옷과 벨벳 망토로 보건대 소작농은 아니었습니다.

"전 괜찮아요." 셀린이 힘없이 웃었습니다. "여긴 제 동생과 언니고요, 저희는 지금 집에 가는 중이랍니다."

"그러면 제가 조금이라도 바래드리거나 도움을 드려도 될까요?"

그렇게 다 같이 천천히 마을을 향해 걸어가는 동안 너덜너덜한 누더기 차림의 지친 나그네 둘이 합류했습니다. 그 나그네들도 어려움에 처한 것 같았습니다. 남자는 하늘에서 마법의 동전이 비처럼 내려왔다는 이상한 이야기로 일행을 즐겁게 해주었습니다.

"동전이 난데없이 나타난 모양새가 꽤 이상했지요. 산비탈을 데굴데굴 굴러 내려왔거든요." 남자가 두 팔을 활짝 벌렸습니다. "저한테는 돈이 더 필요 없습니다. 이미 너무 많이 있거든요. 아까 당신이 저를 발견했을 때, 마침 저는 이 횡재를 어떻게 해야 하나 고민 중이었습니다. 저는 이걸 여러분에게 드리겠습니다.”

그는 주머니를 뒤적거리더니 금화를 꺼내어 나누어 주었습니다. 세 자매는 너무 놀라 말문이 막혔습니다. 기대도 안 하고 있던 선물이 돌아왔기 때문입니다.

“여러분이라면 지혜롭게 쓰실 게 분명합니다. 베푸는 일이 얼마나 중요한지 명심하시고요.”

“정말 고마워요!” 작별을 고하고 성큼성큼 앞질러 가는 남자에게 자매들이 소리쳤습니다.

“이럴 수가!” 페니가 웃었습니다.

“친절하시기도 하지.” 채리티가 한숨을 쉬며 말했습니다.

셀린은 그저 미소를 지었습니다. 나눔의 중심에는 진정한 기쁨과 풍요로움이 있다는 진리를 방금 깨우쳤기 때문입니다. 이 일은 그녀에게 두고두고 잊지 못할 교훈이 되었습니다.

펜타클 7번 SEVEN OF PENTACLES

주제 : 투자, 계획, 인내, 성장

집이 가까워질수록 성벽으로 둘러싸인 정원과 안뜰이 세 자매의 눈앞에 한층 아름답고 눈부시게 펼쳐졌습니다. 부와 번영의 상징인 그것들은 감춰진 호화로움을 담장 너머로 은근히 풍겨내고 있었습니다. 성벽 안은 페니가 늘 궁금하게 여기던 곳이었습니다. 그녀는 하인들이 가득한 화려한 저택에서 살고 싶어 했습니다. 머리부터 발끝까지 시중을 받고 싶어서가 아니라, 그저 무언가를 '소유한다'는 사실 자체가 기쁨이라고 생각했기 때문입니다. 화려한 옷과 보석도, 진수성찬도, 아름다운 물건도 없이 모든 게 수수하기만 했던 생활양식이 점점 싫어지던 차였는데, 드디어 그녀에게 조금이나마 기쁨을 경험해볼 기회가 생겼습니다. 페니는 주머니 속의 금화를 꼭 쥐고는 미소를 지었습니다.

집으로 가는 길은 마을을 지나 반대편으로 이어졌고, 그 끝에는 가난한 사람들이 모여 살고 있었습니다. 밭과 농작물, 화초 무더기와 나무 몇 그루밖에 없는 그곳에 한 청년이 분주하게 작물을 돌보고 있었습니다. 그는 하던 일을 잠시 멈추고 세 자매에게 손을 흔들어 인사를 건넸습니다.

"작물이 지금보다 빨리 자라면 얼마나 좋을까. 내다 팔아야 하는데 말이야." 청년이 관목을 가리키고는 탄식하며 말했습니다.

"돈을 심고 기를 수 없다는 게 아쉬울 노릇이지." 페니가 말했습니다.

"어쩌면 가능할지 몰라." 셀린이 불현듯 말했습니다. "우리가 베풀고 함께 힘을 모아 노력한다면 결국 보답을 얻게 된다고 배웠잖아, 안 그래?"

채리티가 어깨를 으쓱했습니다. "이건 마법의 동전이잖아. 그러니까 우리가 원하는 건 뭐든 할 수 있다고 생각해!"

"그게 무슨 소리야?" 페니가 동생들을 다급히 번갈아보면서 물었습니다.

"우리가 힘을 합치면 부도 점차 키울 수 있을 거야. 씨를 뿌리고 마을의 미래에 투자하는 거지." 셀린이 청년의 호미를 와락 움켜잡더니 관목 옆에 골을 내어 순식간에 자신의 금화를 땅속으로 꾹꾹 밀어 넣었습니다. 채리티도 자신의 금화를 내놓았고, 그 위를 흙으로 덮었습니다. 셀린과 채리티는 땅을 다진 다음 물을 듬뿍 주고 풍요를 빌었습니다.

"너 미쳤니?" 페니가 고함을 쳤습니다. "돈은 나무에서 나는 게 아니야!"

"돈도 가꾸면 많아질 거야." 채리티가 말했습니다. "그리고 이건 마법의 동전이잖아, 잊었어?"

"몰라, 내 금화는 땅에 팽개치지 않을 거야. 난 내 재산을 누리고 싶어."

페니는 고개를 꼿꼿이 들고 빠르게 걸음을 옮겼습니다. 그녀의 마음은 정해졌습니다. 오늘만큼은 자신을 위해 호사를 누리기로, 갑자기 찾아온 행운을 최대한 만끽하기로. 지금 당장 기쁨을 경험할 수 있는데 저축을 하거나 미래를 계획할 시간 따위는 없었습니다.

언니가 가는 것을 지켜본 동생들이 다시 땅에 눈길을 돌리자 심어 둔 금화가 땅을 뚫고 싹을 틔우고 있었습니다.

펜타클 8번 EIGHT OF PENTACLES

주제 : 견습, 숙달, 기술

그 후 며칠간 채리티와 셀린은 마을을 위해 심은 돈 나무를 성심성의껏 보살피고 가꾸는 데 온 힘을 쏟았습니다. 마법의 식물에 대해 아는 것은 거의 없었지만, 기술을 배우고 연습할 각오는 되어 있었기 때문에 농부 청년이 하는 일을 곁눈질로 배우면서 두 자매도 금세 능숙해졌습니다.

작은 관목이 죽지 않도록 매일 똑같은 일을 반복하는 것이 어떤 이들에게는 따분해 보였을지 모릅니다. 하지만 자매들은 반드시 필요한 일이라 여기며 눈에 보이는 작고 꾸준한 변화에 마냥 기쁘기만 했습니다.

페니가 마을의 보물을 찾아다니면서 화려한 옷과 보석으로 치장하는 동안, 동생들은 묵묵히 꾸준하게 일했습니다. 동생들의 마음속에는 분명한 목표가 있었기 때문에 절대 흔들리지 않았습니다.

"아주 잘했어. 둘 다 아주 훌륭한 모범 견습생이었어. 지켜보면서 배운 다음 연습을 했지. 지금 그 결과를 보고 있는 거야."

청년은 땅을 뚫고 나온 아주 작은 묘목을 가리켰습니다. 그 묘목은 마치 별을 향해 손을 뻗는 것처럼 서서히 덩굴을 뻗어가더니, 이제는 가장 가까운 데 있던 나무를 구불구불 타고 올라가 길을 만들었습니다.

"저게 어떻게 가능한 거지?" 청년이 물었습니다.

"마법이지." 두 자매가 동시에 대답했습니다.

참으로 마법이 아닐 수 없었습니다. 동전들이 나무줄기를 따라 돋아나기 시작해 무성히 자라난 것입니다. 동전 하나하나의 크기가 커질 때마다 마치 꽃이 피어나 땅 위에 금빛 광채를 드리우는 것 같았습니다. 다 자란 금화가 땅으로 떨어졌고 농부 청년은 그걸 받아서 식별할 용도로 표면에 오각성 무늬를 새겨 넣었습니다. 얼마 안 가 동전 더미가 불어나더니 금화 여덟 개가 줄지은 보석처럼 반짝였습니다.

"참 대단한 일을 해냈네." 농부 청년이 물었습니다. "새로 생긴 돈으로 무엇을 할 생각이야?"

두 자매는 서로를 바라보았습니다. 좋은 질문이었습니다. 둘이서 대놓고 상의해본 적은 없었지만, 서로가 뭐라고 답할지 내심 알고 있었습니다.

"당연히 나눠야지."

농부 청년은 어리둥절했습니다. "너희들 재산인데 가지고 싶지 않아?"

채리티가 활짝 웃었습니다.

"아니, 오해한 거야. 우린 여전히 부자거든. 다만 우리가 소중히 여기는 부는 다른 종류의 보물일 뿐이야. 이건," 그녀는 반짝이는 금화를 가리키며 말했습니다. "모두가 함께 즐기기를 바라는 우리의 선물이야."

펜타클 9번 NINE OF PENTACLES

주제 : 사치, 풍요, 독립, 쾌락

두 자매가 밭에서 열심히 일하는 동안, 페니도 그녀의 길을 나아갔습니다. 페니는 누구의 간섭도 받지 않고 자유롭게 자신의 재산을 어떻게 쓸지 계획을 세웠습니다. 그녀는 마음껏 즐기기를 원했고, 그 기쁨을 만끽했습니다. 경솔하다고 할 사람도 있겠지만, 페니는 자신이 받은 것을 최대한 즐기기로 마음을 굳게 먹었습니다. 이것은 그야말로 하늘이 내려준 특별한 선물이었기 때문입니다.

페니는 낡고 볼품없는 치마를 벗어던지고 새틴 드레스와 벨벳 외투, 벨벳 망토로 갈아입었습니다. 그러자 누구나 부러워할 만한 부잣집 아가씨처럼 보였습니다. 그녀는 성벽 안에서 아름다운 중정과 그보다 훨씬 풍요로운 정원이 딸린 집을 찾았습니다. 화려한 꽃이 가득한 공간이자 부유한 여인에게 더없이 완벽한 안식처였습니다.

동생들이 힘들게 일하는 동안 페니는 과일나무와 외국의 명금을 들여왔고, 새들을 벗 삼아 앞에 서서 이야기를 들려주고는 했습니다. 페니는 자신이 이룬 것들과 어떻게 지금의 자리에 오게 되었는지에 대해 이야기했습니다. 누군가는 페니가 그저 우쭐대기만 한다고 말하겠지만, 사실 그녀는 풍요라는 선물이 얼마나 소중한지 알았기에 하루하루를 헛되이 보내지 않았습니다. 페니는 동생들은 물론, 동생들과 함께였던 인생도 그리웠지만 부유하게 지내는 지금을 조금도 낭비하고 싶지 않았습니다. 하지만 인생을 즐기면서도 어딘가 허전했습니다. 그건 이 세상 돈을 다 준다 해도 채울 수 없었습니다.

마을을 돌아다닐 때마다 그녀는 사람들이 수군거리는 말을 들었습니다.

"어머, 저 옷 너무 예쁘다! 틀림없이 엄청난 부자일 거야!"

페니는 자부심에 가슴이 뛰었습니다. 이 기쁨을 함께 나눌 누군가가 있기를 바랐지만, 슬픔에 빠지는 대신 자신의 정원으로 돌아갔습니다. 자연과 벗하며 새들에게 모이를 주다 보면 존재의 이유를 찾은 듯 위안이 되었기 때문입니다.

어느 날 아침 가장 예쁜 드레스 차림을 하고 새 한 마리를 팔에 데리고 나왔는데, 산들바람에 웃음소리가 실려 왔습니다. 그 소리는 가장 달콤한 음악이 되어 그녀의 심금을 울렸습니다. 그녀가 아주 잘 아는 사람의 목소리이자, 가장 그리워하던 보물이었습니다. 물론 그녀가 지금도 멋진 인생을 살고 있고 그런 인생을 즐기는 것도 당연했지만, 세상에는 금화로 값을 매길 수 없는 종류의 재산이 있었습니다. 바로 가족, 우정, 사랑, 웃음이며, 이것들이야말로 가장 순수한 선물이자 페니가 하루하루를 알차게 보내는 데 정말 필요한 것들이었습니다.

펜타클 10번 TEN OF PENTACLES

주제 : 부, 성공, 행복, 감사

페니는 두 눈을 꼭 감고 그녀의 이목을 끌었던 행복한 멜로디를 들었습니다. 산들바람에 실려 아주 작은 소리로 순식간에 지나갔는데도 페니 안에서 무언가를 불러일으켰습니다. 페니는 자신의 가슴이 오르내리는 감각과 숨소리에 집중했고, 긴장이 완전히 풀리자 정원 담장 너머로 의식을 천천히 흘려보냈습니다. 그녀의 의식은 이제 소리뿐만 아니라 그 웃음소리에 묻어난 감정까지 느낄 수 있었습니다. 페니가 지니고 있던 자매간의 유대감이 그녀를 선율이 있는 쪽으로 인도했습니다.

이내 미처 깨닫지 못하는 사이 페니는 성문을 지나 예전 집으로 향하고 있었습니다. 그녀의 발이 바닥을 디딜 새도 없었습니다. 사랑하는 이들과 함께하고 싶은 욕망이 그녀를 허공에 띄워 날려 보내기라도 하듯 몸이 깃털처럼 가볍게 느껴졌습니다. 마침내 작은 오두막 너머에 있는 밭에 다다르자, 페니를 기다리는 동생들이 서 있었습니다.

"언니가 올 줄 알았어." 채리티가 미소를 지었습니다.

"우리도 느꼈거든, 여기서." 셀린이 자신의 가슴을 두드리며 말했습니다.

페니는 한때 자기 집이었던 곳을 둘러보고 놀랐습니다. 다 무너져 가던 담장은 다시 세워져 있었고, 가축을 키우던 작은 농장도 과거의 영광을 완전히 되찾았습니다. 늘 공터와 다름없던 정원은 페니의 정원 못지않게 온갖 꽃과 과일이 가득하여 화려해졌습니다. 동생들은 입고 있는 옷뿐만 아니라 화색이 도는 볼과 반짝반짝 빛나는 눈까지 예전과 달라 보였습니다. 전에는 한 번도 보지 못했던 활기가 느껴졌습니다. 모여 있던 동네 사람들도 박수를 치고 환호했습니다. 아이들과 강아지들이 어른들 발치 사이에서 뛰놀고, 곳곳에서 웃음소리가 끊이지 않았습니다. 모두들 행복하고, 생기와 활력이 넘쳤습니다.

"이게 어떻게 된 거야?" 페니가 물었습니다.

"풍요의 선물을 나누었어." 채리티가 말했습니다. "이 동네에서 아무도 소외되는 사람이 없도록 힘을 합쳐서 금화를 더 만들어냈거든. 마법의 동전을 가꾸느라 시간이 걸리기는 했지만, 결국 자라서 우리 재산이 불어난 거야."

페니가 미소를 지었습니다.

"너희는 정말 많은 걸 가지고 있구나. 가족의 부와 행복과 사랑, 진정한 의미를 지니고 있는 것들을 말이야."

"우리한테는 언니도 있잖아!"

세 자매는 서로를 껴안으며 울먹였습니다. "오늘은 기쁜 날이니까 우리가 받은 모든 축복을 감사하게 여기자."

그들은 팔짱을 끼고 진정한 기쁨을 느끼며 춤을 추었습니다.

펜타클 페이지 PAGE OF PENTACLES

주제 : 발현, 기회, 풍요, 열의

세 자매는 다시 모여 기뻤습니다. 모든 게 원래대로였습니다. 다시 하나가 되어 기쁨과 재능을 나눌 수 있게 되었습니다. 숲에서 발견한 마법의 동전은 결국 그들이 스스로 만들어낸 것이었지만, 이를 깨닫기까지 쉬운 여정은 아니었습니다. 그 과정에서 자매들은 부의 진정한 가치는 무엇이며, 어떻게 부가 생각과 감정을 바꾸고 행동에 영향을 미치는지를 배웠습니다. 동전을 움켜쥐고 모으던 때부터 부를 지위의 상징으로 여기기까지, 돈을 잘 다루고 더 큰 공동체와 나눌 줄 안다면 더욱 좋아질 수 있다는 사실을 깨달았습니다.

자매들이 정성스레 가꾼 돈 나무는 무럭무럭 잘 자라났고, 금화는 불어나 열매를 맺고 결국 마을 사람들 모두가 풍요의 혜택을 누릴 수 있게 되었습니다. 세 자매는 이웃에게 먹을 것과 입을 옷을 주었고, 집을 수리하여 안전하고 즐거운 장소를 마련하는 데 도움을 주었습니다.

성벽 안에 사는 사람들도 처음에는 이런 새로운 변화를 재미난 구경거리 정도로만 여겼지만, 일시적인 변화가 아니라는 것을 곧 깨달았습니다. 하루하루 입에 겨우 풀칠하는 자들과 안락하고 사치스럽게 사는 자들 사이의 간극은 더 이상 존재하지 않았습니다. 만물과 만인이 평등해졌습니다. 처음에는 그것이 거슬리는 사람들도 있었지만 시간이 지나면서 좋은 일이라는 것을 깨달았습니다. 이제 그들은 두려움이나 걱정 없이 조화롭게 살 수 있었습니다. '빈곤'이라는 말의 의미를 잃어버린 세상이 되었습니다.

왕실 특사가 나타난 것은 들판에 꽃들이 만발하고 풀이 이슬을 머금은 어느 완벽한 봄날 아침이었습니다. 자신이 밟고 서 있는 초원처럼 푸르른 튜닉을 입고 있는 젊은 견습 기사가 자매들에게 물었습니다.

"말해보라, 여기서 무슨 일이 일어나고 있는 것이냐? 가진 것도 없이 어떻게 이런 부와 단합을 이루어냈느냐?"

세 자매는 미소를 지으며 답했습니다. "저희가 보여드리겠습니다."

견습 기사에게 금화 하나를 건넨 자매는 지금까지의 여정을 이야기해주었습니다. 마법의 선물로부터 무엇을 배웠는지, 어떻게 나무를 심어서 모두를 돕게 되었는지까지 모조리 말해주었습니다.

"누구나 이렇게 할 수 있다고?"

"열린 마음만 있다면, 풍요의 흐름을 기꺼이 삶에 받아들이고자 한다면 누구나 할 수 있습니다." 채리티가 말했습니다. "막대한 부를 이루려면 기꺼이 일할 준비가 되어 있어야 하고, 당신이 받은 것에 감사하고, 사랑을 나눌 각오가 되어 있어야 한답니다."

견습 기사는 모두에게 그토록 활기찬 미래를 만들어줄 수 있다는 생각에 설레고 의욕이 넘쳤습니다. 그는 기발한 생각을 머릿속에 가득 담고 미소 지으며 떠났습니다.

펜타클 나이트 KNIGHT OF PENTACLES

주제 : 근면, 생산성, 실용적이고 정직한 사람

　견습 기사가 다녀간 지 겨우 며칠 만에 또 다른 손님이 탐색할 요량으로 이 마을에 왔습니다. 은색 갑옷을 입고 검은 말을 탄 그는 지식을 모으는 임무를 수행 중인 기사이자 왕자였습니다. 세 자매가 살고 있는 초원 가까이에 다다른 그의 양손에는 금화 하나가 놓여 있었습니다. 자매들이 견습 기사에게 주었던 바로 그 금화였습니다. 기사가 탄 말이 세 자매 앞에 천천히 멈춰 섰습니다. 그가 매끈한 동작으로 한 번에 땅에 발을 딛고는 정중하게 인사했습니다.

"숙녀분들, 만나 뵙게 되어 영광입니다. 여러분이 마을을 위해 해낸 일에 대해 말씀 많이 들었습니다. 제 견습 기사가 열의에 넘쳐서는 여러분이 나무에서 돈이 열리게 하는 법을 알고 있다고 말해주더군요."

세 자매가 웃었습니다. 대표로 채리티가 대답했습니다.

"그렇게 단순한 일은 아니지만 열심히 배우고 일할 각오가 되어 있으시다면 제가 알려드릴게요."

기사는 다시 한번 정중하게 인사하고는 고개를 끄덕였습니다. "기꺼이 배우겠습니다. 저는 매우 성실한 사람입니다. 목표가 생기면 반드시 이루고야 말지요."

기사가 한 말은 진짜였습니다. 그는 무언가에 꽂히면 그것을 끝까지 해내는 사람이었습니다. 실리적이고 강한 집중력을 지닌 그는 유용한 인재로서 자매들과 일하며 풍요의 비밀을 배우는 것을 즐겼습니다.

특히 그는 채리티와 시간을 보내는 것을 가장 좋아했습니다. 자매 중에 본인이 집안의 가장이라고 주장하는 사람은 없었지만, 자매가 함께 세운 공동체 배후의 주역이자 육성의 동력이 누가 봐도 채리티라는 것을 알 수 있었습니다. 넓은 아량과 열린 마음을 지닌 그녀를 사랑하는 사람들이 많은 것은 당연했고, 얼마 안 가 기사도 그들과 같은 마음이 되었습니다. 기사는 채리티를 기쁘게 하기 위해 각고의 노력을 기울였고, 그녀가 있는 자리에서는 더욱 열심히 일했습니다. 기사의 눈에 채리티야말로 장래의 여왕감이었습니다.

얼마 후 기사가 성으로 돌아가야 할 때가 왔습니다. 하지만 채리티를 두고 떠나고 싶지 않았습니다. 기사는 한 손을 가슴에 얹고 무릎을 꿇으며 채리티에게 왕비가 되어 달라고 사랑을 고백했습니다. 채리티 역시 기사에게 같은 마음을 품고 있었지만 자신이 가꾼 고향을 떠나고 싶지는 않았습니다. 기사는 자신의 뜻을 강요하는 건 어리석다는 걸 알았기에 무거운 마음을 안고 떠났습니다.

펜타클 퀸 QUEEN OF PENTACLES

주제 : 보살피고 번영을 이룩하는 것, 풍요의 여신인 여자

마을 사람들 모두가 떠난 기사를 그리워했습니다. 그중에서도 특히 채리티는 깊은 슬픔을 느꼈지만 고향을 차마 떠날 수는 없었습니다. 마을과 초원, 돈 나무 모두 그녀와 한몸 같은 존재로 그녀는 그 모든 것들과 깊이 교감했습니다. 그녀가 밟고 선 땅은 단순한 발판이 아니었습니다. 살아 숨 쉬는 공간이자, 그녀가 보살피고 가꾼 것이었습니다. 땅에 나무를 심고 싹을 틔우고 열심히 일구자, 자연은

보답으로 곡식과 금을 아낌없이 내주었습니다. 마을 사람들 역시 그녀의 친구이자 가족이었습니다. 그들을 결속시켜준 깊은 유대감의 중심에는 그녀가 있었습니다.

날이 가고 달이 가는 동안 일상은 계속되었습니다. 초원에는 꽃이 피고 나무는 더 높이 자라 마을 전체가 번영의 혜택을 누렸습니다. 그러던 어느 날, 난데없이 선물이 도착했습니다. 보자기에 싸이고 리본으로 묶인 매우 큰 선물이었습니다. 꼬리표에 '채리티'라고 적혀 있었는데 채리티에게 낯익은 필체였습니다. 선물을 보낸 이는 바로 기사였습니다. 채리티가 보자기를 벗기자 화려하게 장식된 왕좌가 드러났습니다. 팔걸이에 정교한 무늬가 새겨진 그 왕좌는 정말 장관이었으며, 메시지도 함께 있었습니다.

나의 여왕님을 위해. 그대가 내게 오지 않는다면 내가 그대에게 가리.

"오, 세상에!" 셀린은 숨이 턱 막혔습니다.

"어머나, 멋져라!" 페니가 외쳤습니다.

채리티는 미소를 지었습니다. 그러고는 조심스레 몇 걸음 다가가 왕좌에 올라앉았습니다. 마치 그녀를 위해 맞춤제작이라도 한 것처럼 편안했습니다.

뒤로 기댄 순간 뭔가 눌린 느낌을 받아 몸을 돌리니 금화 하나가 있었습니다. 기사가 처음 왔을 때 가지고 있던 바로 그 금화였습니다. 채리티는 애정 어린 얼굴로 금화를 손에 꼭 쥐었습니다. 그 금화는 그녀를 향한 헌신의 상징이자 둘 사이에 피어난 사랑을 나타내는 것이었습니다.

채리티는 가족이 모두 모인 자리에서 여왕이자 자애로운 어머니가 된 것 같았습니다. 딱 하나 빠진 것이 있다면 왕이었습니다.

마을 사람들은 그들이 사랑해 마지않는 채리티가 왕좌에 앉은 모습을 보고 환호했습니다.

"펜타클의 여왕이여, 만세!" 한 마을 사람이 외치자 우레 같은 박수가 뒤따랐습니다.

"펜타클의 여왕이여, 만세!" 한 번 더 울린 목소리는 채리티를 흥분으로 들뜨게 했습니다. 바로 그녀의 진정한 사랑이 내는 깊고 부드러운 목소리였기 때문입니다. 모든 사람들 머리 위로, 그는 또렷하고 힘차게 노래를 불렀습니다.

펜타클 킹 KING OF PENTACLES

주제 : 리더십, 부, 실천, 실용적이고 자신감 있는 남자

기사는 두 팔을 활짝 벌린 채 눈웃음을 지으며 인파를 헤치고 나왔습니다. 처음 왔을 때 채리티의 마음을 사로잡았던 때와는 무언가 달라져 있었습니다. 여왕 곁으로 다가갈수록 그가 발산하는 자신감도 느껴졌습니다. 그녀 앞에 도착한 기사는 정중하게 인사하고 한 손을 내밀었습니다.

"허락해준다면 그대의 왕국인 이곳에서 나도 함께하고 싶소. 그대의 왕이 되고 싶습니다.”

그 말은 두 사람을 빛과 사랑으로 가득 채웠으며, 마을 사람들 모두가 그녀의 대답을 기다렸습니다. 마침내 채리티가 왕좌에서 일어나 그의 손을 살며시 잡았습니다.

“그대는 언제까지나 나의 왕일 것입니다.”

감탄한 사람들이 함성을 질렀습니다. 왕이 일어서는 순간, 그의 위상이 더욱 높아진 듯 보였습니다. 그가 내딛는 한걸음 한걸음이 듬직하고 절도 있었습니다. 포부 있는 남자, 마침내 자신의 꿈을 이룬 남자였습니다. 그는 부와 성취의 상징이자, 필요한 모든 걸 갖췄기에 아무것도 검증할 필요가 없는 왕이었습니다.

그렇게 채리티는 그녀의 기사와 결혼하여 왕비와 왕으로 이 땅에서 마을 사람들과 사이좋게 살았습니다. 돈 나무도 무성하게 자라 온 땅을 뒤덮어 급기야 작은 숲이 되었습니다. 풍요로움이 왕국 전역과 왕국 너머까지 흘러넘쳐 가난한 사람이 없었습니다.

페니와 셀린도 제 임무를 다하며, 기꺼이 서로를 돌보는 훨씬 큰 공동체의 일원이 되었습니다. 이 모든 것의 시발점이었던 금화는 이제 나무의 뿌리가 되었습니다. 나무의 마법은 사방으로 퍼져 수많은 사람들에게 닿았습니다. 세 자매가 교훈을 실천한 덕분이었습니다.

여기서 그다지 멀지 않은 똑같은 숲, 똑같은 장소에 떡갈나무가 있습니다. 나뭇가지에는 끝이 뾰족한 모자를 쓴 키 작고 호기심 많은 사나이가 앉아 마법 동전을 세고 있습니다. 길을 잃어버린 사람이 또 나타나 풍요롭고 행복한 삶의 가치를 발견하게 되기를 바라는 마음으로요.

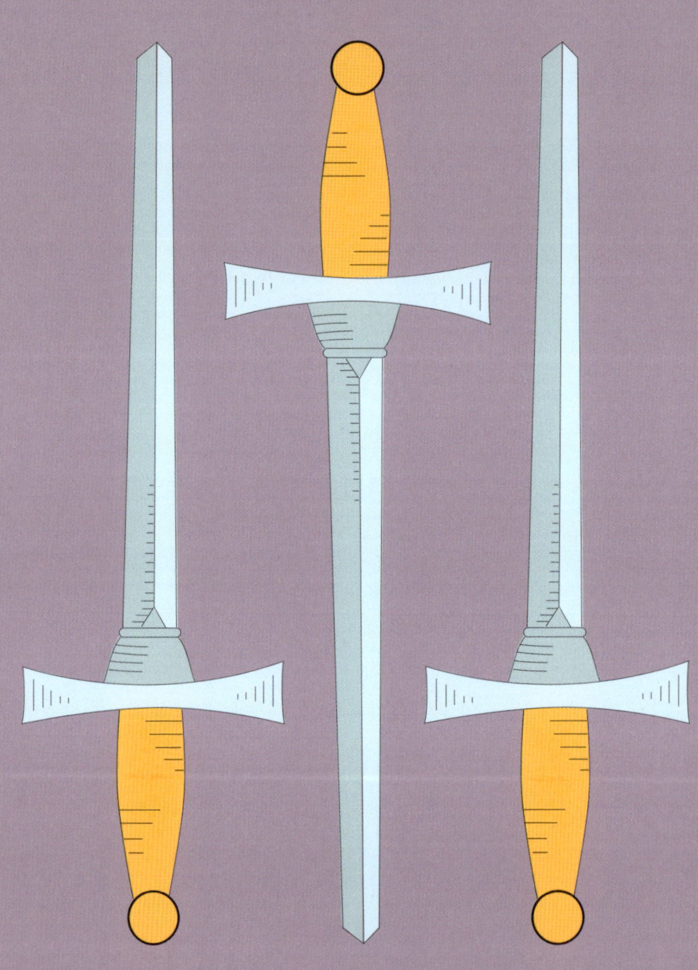

소드 슈트
The Suit of Swords

소드 에이스 ACE OF SWORDS

주제 : 행동, 열정, 돌파구 또는 아이디어

시공간 모두 여기와는 멀리 떨어진 곳에서의 어느 날 아침, 스칼렛이라는 한 소녀가 깜짝 놀라 잠에서 깨어나며 이불을 홱 걷어냈습니다. 그러고는 심호흡을 하며 조용히 마음을 진정시켰습니다. 이렇게 이른 시간에 마녀를 깨우는 건 좋은 생각이 아니었기 때문입니다.

소녀는 벌써 몇 달째 같은 꿈을 꾸고 있었습니다. 낮에는 소녀의 생각을 자꾸 침범해 괴롭히고 밤에는 소녀를 몰래 어디론가 데려가는 꿈이었습니다. 꿈은 숲에서 가장 큰 소나무보다 더 큰 불의 고리가 보이면서 시작되는데, 한가운데에는 작은 공처럼 몸을 웅크린 소녀가 있습니다. 도망갈 곳도, 몸을 피할 곳도 없습니다. 할 수 있는 일이라고는 점점 다가오는 불꽃을 지켜보는 것밖에 없습니다. 대개는 그 불꽃이 닿아 그녀를 태워버리기 전에 잠에서 깼지만 오늘은 달랐습니다.

그녀의 머리 위에서 불꽃이 혀를 날름거리며 맴돌고, 아치형으로 커진 불의 열기가 거세졌습니다. 연기구름이 곁을 맴돌며 폐를 가득 채워 더 이상 숨을 못 쉬겠다고 생각한 순간, 이상한 일이 일어났습니다. 희미하게 빛나는 검이 연기를 가르고 들어와 공기를 둘로 쪼개는 것입니다. 검 자체가 어찌나 근사하던지 왕이 꿈꿀 만한, 가장 용맹한 전사들이나 휘두를 수 있을 법한 생김새였습니다. 검의 날이 하늘을 향한 채 그녀의 머리 위에 떠 있었고, 그 날카로운 끝에는 힘과 왕위를 상징하는 금관이 걸려 있었습니다.

스칼렛은 굳이 분석하지 않아도 꿈의 의미를 분명히 알았습니다. 왕관은 단 하나의 진실한 사랑인 왕자 에드먼드였고, 검이 날쌔게 어둠을 가르는 행동은 에드먼드에 대한 그녀의 열정을 뜻하는 것이었습니다. 타오르는 불꽃은 에드먼드가 다른 여자와 약혼할지도 모른다는 생각으로 인한 괴로움이었습니다.

"이를 어쩌면 좋지? 나는 어떻게 해야 할까?" 그녀가 어둠에 대고 속삭였습니다.

에드먼드는 그녀에게 눈길 한 번 준 적조차 없었습니다. 그래야 할 이유도 없었지요.

그녀는 마녀의 제자로, 연고와 묘약에 들어가는 약초를 모으느라 하루종일 숲을 떠나지 않는 작고 여윈 소녀였습니다. 소녀가 그려왔던 미래는 분명했습니다. 마녀가 세상을 떠나는 날까지 함께 지내며 나무 오두막에서 마녀의 곁을 지키는 것이었습니다. 그 후에는 그 자리를 이어받아 모두가 의지하는 현명한 여인이 될 생각이었습니다.

하지만 지금은 상황이 달라졌습니다. 그 꿈이 그녀 안의 무언가에 불을 지폈습니다. 자신의 열정에 따르겠다는 어떤 충동이 생긴 것입니다. 그것은 꺼지지 않을 불씨에 불을 지펴 그녀로 하여금 운명을 받아들이도록 부채질하고 있었습니다.

소드 2번 TWO OF SWORDS

주제 : 우유부단, 회피, 객관성, 명확성

마녀는 스칼렛의 침실 문에 귀를 대었습니다. 사랑하는 제자에게서 무언가 불길한 기운이 나오고 있는 걸 느꼈기 때문입니다. 아름다운 영혼을 지닌 스칼렛은 자신의 뒤를 이을 사람으로 이상적이라고 생각했지만, 아직 배워야 할 것이 너무나 많았습니다. 세상 돌아가는 이치를 잘 모른다는 약점 때문에 어두운 길로 이끌릴 수도 있었습니다. 마녀는 스칼렛의 꿈을 알아낼 능력은 없었지만, 무언가가 스칼렛을 괴롭히고 있으며 그녀의 마음을 짓누르고 있다는 것은 알 수 있었습니다.

앞으로 어떻게 해야 할지가 중요한 문제였습니다. 멘토로 개입하여 골칫거리를 없애고 스칼렛이 끔찍한 실수를 못하게 막을 수도 있겠지만, 그러면 그 아이가 과연 무엇을 배울 수 있을까요? 넘어져보지도 않고 앞으로 나아가는 게 의미가 있을까요?

고려할 것은 더 있었습니다. 마녀는 스칼렛이 에드먼드에게 품고 있는 감정을 이미 알고 있었고, 잘 될 리 없다는 것도 알았습니다. 에드먼드는 스칼렛에게 일말의 관심도 표현한 적이 없으며 앞으로도 그럴 것이 분명했습니다. 그는 장차 왕이 되고, 스칼렛은 주술사가 되어야 하는 운명이었습니다. 스칼렛이 열정에 사로잡힌 나머지 사리 판단을 하지 못하고 왕자를 사로잡기 위해 무슨 짓이든 할 공산이 컸습니다.

마녀는 살금살금 오두막집을 빠져 나와 숲으로 갔습니다. 아직 이른 시간이라 초승달에서 새어나오는 한 줄기 빛만이 전부였습니다. 그녀는 잠재력이 넘치는 동 틀 무렵을 무척 좋아했습니다. 아직 아무것도 정해진 것이 없으니, 어느 방향으로든 흘러갈 수 있었습니다. 마녀는 나이에 비해 신속하고 날렵하게 움직여 나무들 사이를 누비며 호숫가로 갔습니다. 달이 수면을 밝히면서 달빛이 조금 더 밝아졌습니다. 마녀는 잠깐 호숫가에 앉아 치마 속에서 눈가리개를 꺼내어 느슨하게 두 눈을 가렸습니다. 눈을 가려야 진실을 제대로 보고 올바른 결정을 내릴 수 있기 때문입니다. 그녀는 가슴 위로 팔을 교차하고 심호흡을 하고는 달의 힘을 끌어냈습니다.

이제 마녀는 현재 겪고 있는 문제로부터 멀어져 침착하게 객관적으로 바라볼 수 있게 되었습니다. 가슴이 시키는 대로 스칼렛을 정신 차리게 해서 그녀를 보호할 것인가, 아니면 뒤로 물러나 지금 일어나는 일들이 순리대로 흘러가게 내버려둘 것인가? 고민 끝에 그녀는 머리가 가슴을 이겨야 한다고 생각했습니다.

마녀의 손에 쥐어진 건 이로울 수도 있고 해로울 수도 있는 양날의 검이었습니다. 마녀에게 조치를 취할 힘은 있었지만 그 결정이 쉽지 않았기 때문입니다. 마녀는 숨을 내쉬었습니다.

"그래, 이제 무슨 일이 일어나야 할지 알겠다."

마녀가 달님에게 속삭였지만 침묵만이 달님의 유일한 대꾸로 돌아왔습니다.

소드 3번 THREE OF SWORDS

주제 : 상심, 고통, 슬픔, 상처

스칼렛은 아침에 해야 할 일을 마치고 나면 늘 휴식을 취했습니다. 마녀는 한낮에 두어 시간의 자유를 그녀에게 허락했고, 그 시간 동안 그녀는 공부를 하거나 주문 연습을 할 수 있었습니다. 하지만 그 꿈을 꾸고 난 오늘 스칼렛에게는 다른 계획이 있었습니다. 바로 제시간에 맞추어 숲의 입구 근처 공터로 가는 것이었습니다.

계획은 간단했습니다. 에드먼드는 매주 같은 시간에 형제들과 함께 말을 타고 외출하여 언제나 그 숲을 지나갑니다. 이때 에드먼드가 스칼렛을 보게 만들어 서로 눈이 마주치는 순간, 그는 속절없이 사랑에 빠지게 되는 것입니다. 약혼 생각은 모조리 사라지고 그 자리에 빨간 머리의 미인이 새로 들어설 것이었습니다.

스칼렛은 키 큰 풀들 사이에 쭈그려 앉아 바구니를 땅에 내려놓았습니다. 바구니는 눈속임용으로 가져온 것이었습니다. 약초라도 좀 모아가면 마녀가 기뻐할 테고, 그동안 한눈팔지 않았다고 둘러댈 수 있으니까요. 거무스름한 로즈마리 덤불 사이에 둘러싸여 있으니 마음이 편안해졌습니다. 코를 찌르는 향기를 맡아보니 로즈마리가 자라는 곳에는 강인한 여자가 있다는 말이 당연하게 느껴졌습니다.

그 생각이 머릿속을 스치고 지나가던 바로 그 순간, 목소리가 들려왔습니다. 곧이어 흙먼지를 일으키며 달리던 말발굽의 속도가 줄더니 걷는 소리가 났습니다. 에드먼드와 형제들이었습니다. 스칼렛은 재빨리 앞치마를 매만진 다음 비집고 나온 머리카락 한 올을 귀 뒤로 넘긴 후 일어났습니다.

"여기 좀 봐봐!" 에드먼드의 목소리는 아니었습니다. "저 여자, 너를 봐서 기쁜가 본데."

"저 여자 좀 봐!" 다른 젊은이가 킬킬거렸습니다. "꽤 예쁘겠는데, 눈을 가늘게 뜨고 보면!"

형제들의 시선을 따라가던 에드먼드의 눈길이 잠깐 스칼렛에게 머물렀습니다.

"저 여자?" 에드먼드가 얼굴을 찡그렸습니다. "마녀가 데리고 있는 여자라서 십중팔구 그 노파처럼 반은 미쳤을걸."

스칼렛의 얼굴이 붉게 달아올랐습니다. 에드먼드가 자신을 알아 봐주길 원한 건 맞지만 이런 식은 아니었습니다.

"네 이름이 무엇이냐?" 에드먼드가 호통 치듯 물었습니다.

스칼렛의 입술이 바들바들 떨렸습니다. 눈가에 눈물이 맺힌 것이 느껴졌습니다.

"이런, 꿀 먹은 벙어리인 게냐?"

"그만해, 내버려둬. 저 여자 때문에 시간 버릴 것 없잖아." 막내 왕 자가 말했습니다.

에드먼드가 고개를 끄덕였습니다. "가련한 것 같으니. 맞아, 저 여 자 때문에 시간 버릴 필요 없지."

형제들이 고삐를 잡아당겨 떠나간 자리에는 뿌연 먼지만 남아 있 었습니다.

하염없이 눈물이 흐르는 가운데 스칼렛은 가슴을 움켜잡으며 털 썩 무릎을 꿇었습니다. 몸을 앞으로 숙이자 양손이 땅속 깊숙이 박혔 습니다. 심장이 세 갈래로 찢어져 갈가리 뜯기고 무너진 것 같았습니 다. 몸이 떨리고 땅에 떨어진 눈물이 로즈마리 뿌리 속에 들어갔습니 다. 마음에 입은 상처가 너무 쓰라려 억누를 길이 없었습니다.

'어쩜 그렇게 잔인할 수가 있을까?'

에드먼드가 내뱉은 가슴 아픈 말이며 그녀를 바라보던 눈빛, 그 모 든 것이 도무지 견딜 수 없었습니다. 아주 오랫동안 울고 난 후 그녀 에게는 증오가 싹텄습니다.

소드 4번 FOUR OF SWORDS

주제 : 피로, 사색, 회복, 불안

낮에 두 형제와 사냥을 하고 저녁에 다른 기사들과 연회를 즐기고 나니 에드먼드는 피곤해졌습니다. 태어날 때부터 물려받은 특권이 마음에 드는 척 연기하기가 힘들었기 때문입니다. 사실 그는 그 특권에 넌더리가 나 있었습니다. 그저 그에게 주어진 배역을 잘 수행하고 있을 뿐이었습니다. 친구들도 겉치레일 뿐 그를 진심으로 좋아하는 것이 아니었지만, 에드먼드도 마냥 결백하다고는 할 수 없었습니다. 그의 명연기로 모두가 행복했습니다. 아버지의 주눅 들게 하는 눈초리도, 의무가 어떻다느니 기대가 크다느니 하는 잔소리도 사라졌습니다.

하지만 처음에만 편했고 세월이 흐르면서 전부 헛된 것임을 뼈저리게 느꼈습니다. 그는 평생 외로웠습니다. 진심을 겉으로 드러내지 못하고 감옥에 갇힌 듯 고립되다 보니 벗어나고픈 마음이 간절해졌습니다. 있는 그대로의 행복을 느끼려면 얼마간 혼자만의 시간을 보내야 했습니다.

에드먼드는 한숨을 쉬며 침대에 누웠습니다. 폭신한 쿠션과 비단 이불도 그의 고통을 줄이는 데 아무런 도움이 되지 않았습니다. 잠도 쉽게 오지 않았습니다. 사실 잠이 잘 오는 날은 거의 없다시피 했습니다.

그러다 아까 숲에서 보았던 소녀에게 자신이 얼마나 잔인했었는지에 생각이 미쳤습니다. 마치 자신이 말하면 진실이라도 되는 듯 말을 내뱉었습니다. 그 부당한 짓의 결과를, 소녀의 안색이 변하고 눈가가 젖은 것을 보았습니다.

그는 두 손을 모아 기도했습니다.

"그건 제가 아니었습니다. 저는 그런 사람이 아니옵니다. 부디 저를 이 집에서 벗어나게 해주옵소서."

아무런 응답이 없었습니다. 누군가 그의 기도를 들었더라도 겉으로 내색하지 않았을 것입니다.

에드먼드는 몸이 떨렸습니다. 당장 뭐라도 하지 않으면 비난의 칼날이 날아와 그의 심장을 꿰뚫을 것 같았습니다. 눈에 보이지는 않지만 머리 위에 있기라도 한 것처럼 그 존재가 똑똑히 느껴졌습니다. 그 검은 절호의 순간을 기다리고 있는 것일까요?

방 안이 춥게 느껴지자 에드먼드는 꼬리에 꼬리를 물던 생각을 멈추고 마음을 편히 가지려 노력했습니다. 하지만 눈을 감을 때마다 아까 그 빨강머리 소녀와 그의 말에 바뀌었던 소녀의 표정이 떠올랐습니다. 왜 그렇게 못되게 굴었던 걸까요? 그 소녀가 저주를 걸어 그를 두꺼비나 그보다 훨씬 끔찍한 존재로 둔갑시킬지 모를 일이었습니다. 분명한 건 그가 그런 일을 당해도 싸다는 점이었습니다.

본모습과 다르게 거짓된 삶을 살다 보니 수습할 수 없는 일들이 연달아 일어났는데, 진실을 폭로하면 겁이 떨어질 것 같았습니다. 그가 할 수 있는 일이라고는 지금 이 순간에 매달리는 것뿐이었습니다. 그는 어둠 속에서 숨을 깊이 들이마신 후 잠깐이라도 긴장을 풀고 위안을 찾으려 애썼습니다.

소드 5번 FIVE OF SWORDS

주제 : 갈등, 의견 충돌, 수단을 가리지 않고 강탈, 후회

다음 날 아침까지도 에드먼드는 여전히 깊은 시름에 잠겨 있었습니다. 밤새 뒤척이며 괴로워했더니 아침이 되어도 마음이 좀처럼 가라앉지 않았습니다. 계속 거짓된 삶을 살아갈 수는 없을 것 같았습니다. 너무 늦기 전에 어떻게든 해야 했습니다. 지금의 그는 그의 본모습도, 그가 원하는 모습도 아니라고 아버지에게 말씀드리고 왕국에도 알리고 싶었습니다.

그는 무거운 마음으로 호숫가에 나갔습니다. 보통 오전 이맘때 훈련하러 나오는 동생들을 마주치지 않을까 싶어서였습니다. 동생들에게 제일 먼저 고백할 작정이었습니다. 형제니까 그를 이해해주고 아버지처럼 비난하지 않기를 바랐지만 에드먼드의 생각이 틀렸습니다.

"형은 이기적이야!"

"형은 형이 얼마나 대단한 특권을 누리고 있는지 모르는구나? 형이 될 수 있다면, 언젠가 왕이 될 수만 있다면 난 뭐든 할 텐데."

"어쩌면 그렇게 멍청할 수가 있어? 혹시 정신이 나간 거야?"

"어제 본 마녀가 형한테 주문을 건 게 틀림없어."

빗발치는 조롱은 그칠 기미가 보이지 않았습니다. 에드먼드는 자신의 입장을 설득시키려 노력했지만, 동생들은 공감하는 기색 없이 오히려 경멸을 쏟아부었고 어느새 그는 갈등의 중심에 있었습니다.

"아버지께서 알면 형을 추방하고, 형을 미치게 만든 그 마녀를 벌하실걸."

"그 여자애하고는 상관없는 일이야. 오래 전부터 이랬으니까."

"아니야, 형은 변했어. 지금 제 정신이 아니야. 그 여자애가 형한테 저주를 내린 거라고!"

"그 여자애는 아무 짓도 안 했다니까. 대가를 치러야 할 건 그 여자애에게 그렇게 말한 나라고!"

도대체 왜 동생들은 그의 말을 들어주지 않을까요? 형제라면서 왜 그를 이해해주지 못할까요? 에드먼드는 분노와 억울함이 가득 차올라 이내 폭발하고 말았습니다. 그는 삼형제 중 비교도 안 될 정도로 가장 노련한 전사였기에 두 동생을 수월하게 이겼지만, 승리는 공

허함만 남겼습니다. 승자가 되었다 한들 소중한 동생들의 사랑과 존
경을 잃었기 때문에 전혀 기쁘지 않았습니다. 에드먼드는 너무 답답
한 나머지 그냥 피하고 말았어야 할 자리에서 무모한 짓을 저질렀고,
이제 형제들 사이에는 아무것도 남아 있지 않았습니다. 그가 왕위 계
승을 거부한다는 소식은 곧 왕의 귀에 들어갈 터였습니다. 운명의 주
사위는 던져졌습니다.

소드 6번 SIX OF SWORDS

주제 : 과도기, 해방, 치유, 인격의 성장

스칼렛은 혼란스러운 며칠을 보냈습니다. 마녀가 어떻게든 그녀의 미소를 되찾게 하려고 갖은 애를 쓰고, 정신을 다른 데 쏟을 수 있게 계속 일거리를 주었지만 스칼렛은 그 어느 때보다 크나큰 상실감과 외로움을 느꼈습니다. 한 번도 만난 적 없었지만 에드먼드가 운명의 상대라고 철석같이 믿었기 때문입니다. 그녀는 영혼이 닮은 이를 알아보고, 온몸으로 그 존재를 느꼈습니다. 그럼에도 그것은 결국 허구이자 백일몽에 지나지 않았습니다. 에드먼드는 그녀가 꿈꾸던 그런 사람이 아니었습니다. 그날 모든 것이 바뀌었습니다. 그녀는 펑펑 울고 분노하며 손으로 흙을 파헤쳐 로즈마리 뿌리를 찢어발겼습니다. 주문을 중얼거리고 가슴에서 흘러나온 피를 땅에 묻었지만 이제 미련을 버리고 나아가야 했습니다.

극복하는 데 도움이 되고자 스칼렛은 통과의례로, 과거를 놓아버리기 위한 간단한 의식을 행하기로 했습니다. 마녀가 권했던 의식으로, 들었던 당시에는 시큰둥했었지만 차분히 생각해보니 유일한 해결책 같았습니다. 스칼렛은 약초가 든 작은 가방을 들고 호수로 갔습니다. 마법이 효력을 발휘하려면 막힘없이 흐르는 물이 필요하기 때문입니다.

잔잔한 호수는 늘 그녀의 마음을 달래주었기에, 이번에도 그녀는 흐르는 물과 뱃사공을 가만히 바라보았습니다. 뱃사공은 뗏목으로 손님들을 호수 반대편으로 데려가는 중이었습니다. 스칼렛은 저 뗏목에 함께 타고 있으면 좋겠다고 생각했습니다.

'썰물에 몸을 맡겨 새로운 삶으로 나아갈 수 있다면 얼마나 멋질까.'

하지만 그녀는 여기에 남아 의무를 다하며 주어진 운명을 받아들여야 했습니다. 그것이 괴롭지만은 않았습니다. 되려 스칼렛은 주문을 배우고 사람들 돕는 일을 굉장히 좋아했으며, 마녀와 함께하는 시간도 즐거웠습니다. 오직 자신만을 위한 일을 하고 싶을 때가 가끔 있었을 뿐입니다.

스칼렛은 가방에서 약초를 한 움큼 꺼내어 말린 잎을 호수에 던졌습니다. "나를 붙잡고 놓아주지 않는 것이여, 이제 나는 자유의 몸입니다. 짐은 버리고, 순리에 맡기겠습니다.”

두 손을 가슴에 얹자 무언가가 풀려나기라도 한 것처럼 가슴 속에서 세게 잡아당겨지는 게 느껴졌습니다. 지난 며칠간 느꼈던 모든 감정과 그녀에게 뼛속 깊이 상처를 준 겁이 사라졌습니다. 그녀는 뗏목에 사람들이 이리저리 실려 가듯 그것들이 어딘가 새로운 곳으로 실려 가는 모습을 상상했습니다.

“당신을 보내드리겠어요, 멋진 에드먼드 씨.” 그녀가 속삭였습니다. “우린 인연이 아니었어요. 이제야 그걸 알았네요.”

그때 그녀는 왕실의 휘장이 새겨진 튜닉 차림을 한 작은 남자가 멀리서 지켜보고 있는 걸 알아차리지 못했습니다. 왕실의 시종 복장을 한 그는 왜소하고 날렵한 체구 덕분에 그녀에게 들키지 않을 수 있었습니다.

소드 7번 SEVEN OF SWORDS

주제 : 기만, 배반, 거짓말, 교활한 행동

한낮의 빛이 잦아들자 스칼렛을 지켜봤던 남자가 그림자 속에서 걸어나왔습니다. 그는 왕의 오른팔로, 중요한 일이 생겼을 때 왕이 가장 의지하는 사람이었습니다. 왕자들이 저지른 말썽을 해결하는 것도 당연히 그에게 맡겨졌습니다. 왕실 내부의 불화는 곱게 보일 리 없고, 백성들의 불만을 초래할 것이 뻔했습니다. 에드먼드의 뜬금없는 반란까지, 남자는 모든 걸 해결할 방법을 모색 중이었습니다.

남자가 비열한 미소를 지었습니다. 해답이 그의 발밑에 떡하니 떨어졌기 때문입니다. 에드먼드의 정신 나간 짓은 동생들이 의심했던 대로 이 소녀 탓을 하면 그만이었습니다. 배반의 화살이 향하기에 소녀는 완벽한 표적이었습니다. 소녀가 숲 속의 마녀와 함께 지낸다는 건 이미 널리 알려진 사실이었습니다. 게다가 분명 얼마 전 에드먼드와 일이 있었던 바로 그 호숫가에서 그녀를 목격하지 않았던가요!

다만 시점이 문제였습니다. 그 일이 끝난 뒤에 본 것이니까요. 하지만 약간의 거짓말쯤이야 해가 되지 않을 터였습니다. 소녀가 그날 아침 일찍 왕자에게 저주를 내리는 장면을 목격했다고 조작하면 그만이었습니다. 그가 보고 들었다며 꾸며낸 몇 마디 말이면 상처에 소금을 뿌리듯 아픔은 더 깊이 파고들 것입니다. 그녀를 향한 군중의 분노도 충분히 자극할 수 있을 것입니다.

이렇게 굳이 이야기를 지어내는 이유는 왕의 체면을 지키기 위해서였습니다. 에드먼드의 행동도 잘 해명될 테니 잘만 구슬리면 왕실로 돌아올 수 있을 테고요. 소녀는 흑마술을 썼다는 이유로 쫓겨나겠지만 그건 손해라고 볼 수도 없었습니다. 형제들에게 들은 바에 따르면 소녀는 에드먼드에게 홀딱 반해 있었고 숲에서 심하게 퇴짜를 맞은 것이 분명했습니다. 작은 남자는 그토록 교활한 계획을 생각해 낸 것이 너무 뿌듯했습니다.

남자는 어깨 너머로 뒤를 흘끗 보았습니다. 자신 역시 감시당하는 중이었을지도 모르기 때문입니다. 매번 거짓말이나 속임수가 삶의 수단이 되면 의심은 그림자처럼 늘 따라붙기 마련입니다. 남자는 이 점을 잘 알고 있었기에 불안한 마음을 떨칠 수 없었습니다. 남을 속이는 일은 그에게 제2의 천성처럼 자연스러웠습니다. 지금까지는 운이 따랐지만 언제 어떻게 바뀔지 모를 일이었습니다.

남자는 심호흡을 하며 불안감을 가라앉혔습니다. 이제 계획을 실행에 옮겨 에드먼드가 사악한 마법에 희생당했다는 사실을 알리고 소녀를 희생양으로 삼을 때가 되었습니다.

교활한 미소로 그의 입꼬리가 올라갔습니다. 아무리 생각해도 자기 자신이 너무 똑똑하다고 생각했습니다. 만약 기만의 검이라는 것이 세상에 존재한다면, 남자는 그 검을 심장 가까이 가져간 셈이었습니다.

소드 8번 EIGHT OF SWORDS

주제 : 투옥, 구속, 부정적인 사고방식, 답답함

스칼렛은 밖에서 들리는 요란한 소리에 잠에서 깼습니다. 뇌성처럼 울리는 말발굽 소리가 들린 후, 누군가 고함을 치면서 오두막집 문을 두드리는 소리가 들렸습니다. 마녀의 목소리가 들렸지만 마녀가 뭐라고 하는지는 알아들을 수 없었습니다. 그리고 발걸음 소리가 가까워지더니 스칼렛의 방문이 벌컥 열렸습니다. 왕의 근위대가 그녀를 에워쌌습니다.

"우리랑 같이 가줘야겠다!" 첫 번째 근위병이 소리쳤습니다. "당장 일어나서 옷 입어."

"왜요? 무슨 일인데요?"

"가면 알 것이다." 근위병이 비웃었습니다. "우리한테 요상한 주문 걸 생각은 하지 말고. 그래봐야 너한테 좋을 게 없을 테니."

"전 그런 짓 안 하는 걸요! 전 마법을 그렇게는 쓰지 않아요."

스칼렛은 마녀를 보았다가 다시 싸늘한 표정의 근위병에게 시선을 돌렸습니다.

"저 사람들을 따라가렴." 마녀가 다정하게 말했습니다. "다 잘 될 게다."

"하지만 전 잘못한 게 없어요."

마녀가 미소를 지었습니다. "나도 안다. 오해가 있는 것뿐이야. 너라면 잘 해낼 거야."

스칼렛은 한숨을 쉬었습니다. 과연 그럴까요? 저 사람들이 왜 온 건지 영문을 몰라 답답했습니다. 스칼렛은 서둘러 옷을 입고 근위병들을 따라 마차에 탔습니다. 마차 안은 목제 의자와 창살 달린 창문만이 있어 마치 어두컴컴한 감방 같았습니다. 가는 동안 그녀의 감옥이 될 예정이었습니다. 햇살의 빛줄기가 창살 사이로 스며들었지만, 창살은 마치 그녀를 에워싼 검처럼 느껴졌습니다.

스칼렛은 두 눈을 꼭 감고 자신이 왜 잡혀 가는지 그 이유를 생각해보았습니다.

'내가 무슨 짓을 한 거지?'

그녀에게 죄가 있다면 단 한 가지, 그녀의 존재조차 모르는 누군가를 사랑한 죄밖에 없었습니다. 물론 그 사랑은 그녀가 머릿속에서 꾸며낸 허구였습니다. 이제 그녀는 그저 에드먼드에게 집착했던 것일 뿐, 그 감정에는 아무런 근거가 없었다는 것을 깨달았습니다. 한낱 환상에 사로잡혀 있었던 것입니다. 아직 완전히 벗어나지 못했지만 곧 그 환상은 벗어나게 되어 있었습니다. 사실 마녀와 함께하는 일이야말로 그녀가 진정으로 쏟을 열정의 대상이었습니다. 그녀의 소명이자, 거부할 수 없는 그녀의 일부였습니다. 한때 잠시 다른 인생을 꿈꿨지만 이제는 이것이 그녀가 선택한 인생이었습니다.

스칼렛은 어둑어둑한 마차 안에서 앞으로 어떻게 되는 걸까 생각했습니다.

'왕이 그토록 화가 난 이유는 무엇이며 그 결과는 무엇일까?'

더 중요한 것은 그녀가 벗어날 수 있을지, 그리고 그녀가 그토록 사랑했던 인생으로 되돌아갈 수 있을지였습니다.

소드 9번 NINE OF SWORDS

주제 : 불안, 걱정, 두려움, 부정적 성향

성에 도착하자마자 스칼렛은 지하 감옥에 끌려가 작은 석실에 던져졌습니다. 그들은 그녀를 나무 의자에 붙들어 앉힌 채 그녀의 곱슬머리를 싹둑 잘라냈습니다. 이렇게 하면 그녀 안에 있는 마법의 불씨를 꺼뜨릴 수 있다면서요. 결국 그녀의 머리카락은 매우 짧아졌습니다.

감옥이 너무 답답하여 스칼렛은 숨이 막힐 지경이었습니다. 머리

보다 높은 곳에 철창 달린 작은 창문 하나가 있었고, 창문을 통해 빛이 아주 조금 들어왔습니다. 침대에서 까치발을 서면 바깥 세상이 얼핏 보이는 정도였습니다. 추워서가 아니라 가슴 속에 자리 잡은 한기 때문에 몸이 떨렸습니다. 무언가 잘못되어도 단단히 잘못된 게 틀림없었습니다. 스칼렛은 침대에 털썩 앉았습니다. 얇은 매트리스는 닳고 닳아 납작했고 베개는 아예 없었지만 이걸로 만족해야 했습니다. 이 끔찍한 곳에 얼마나 있게 될까요.

스칼렛은 누워서 눈을 감고 두 주먹을 꼭 쥐어 아직까지도 떨리는 심장을 진정시키려 노력했습니다. 안간힘을 써보아도 점점 커지는 두려운 감정을 막을 수는 없었습니다. 두려움은 가슴 깊은 곳에서부터 스멀스멀 기어 올라와 목구멍을 타고 꿈틀거리다 머리 끝까지 왔습니다. 그녀를 사로잡은 불안감은 앞으로 벌어질지 모르는 끔찍한 상상으로 마음속을 가득 채웠습니다.

'왕자를 사랑하다니 무엄하다는 이유로 벌을 받는 걸까? 이 왕국에서 영원히 추방되는 건 아닐까? 아니면 그보다 훨씬 심한 벌을 받게 될까?'

입술을 깨무는 바람에 쌉쌀한 피 맛이 입안에 가득 번졌습니다.

스칼렛은 마녀와 함께한 행복했던 시절, 숲을 탐색하며 식물과 나무를 공부했던 날들을 떠올렸습니다. 아픈 사람들을 위해 마녀와 함께 행했던 치유 의식과 마녀의 힘으로 눈앞에서 병자가 완전히 낫던 모습을 생각했습니다. 지금까지 이루었던 좋은 일들을 머릿속에 떠올려 보았지만 아무 소용이 없었습니다. 걱정이 시작되고 나서부터는 도저히 가라앉힐 수 없는 극심한 공포만이 엄습했습니다.

생각의 소용돌이에 휘말려 심연으로 점점 더 깊이 가라앉고 있던 그때, 어떤 소리가 들렸습니다. 톡톡, 달가닥거리는 소리에 스칼렛은 귀를 기울였습니다. 허둥지둥 일어나 최대한 몸을 길게 뻗어 철창 쪽으로 얼굴을 가져다 대니 철창 밖으로 근심 어린 표정을 하고 있는, 그녀가 아주 잘 알고 있는 얼굴이 보였습니다.

"에드먼드 왕자님!"

"아가씨." 에드먼드는 초조해 보였습니다. "일전에 숲에서 그대에게 그렇게 말한 건 내가 미안하오."

"그 일 때문에 제가 여기 오게 된 건가요? 그래서 저를 붙잡아두고 있는 거고요?"

"나도 모르지만 알아보겠소."

"전 잘못한 것이 없어요, 아무리 생각을 해봐도…….."

에드먼드가 고개를 끄덕였습니다. "나도 아오. 저들이 화가 난 건 나 때문이지. 꼭 거기서 꺼내주겠소, 내 약속하지."

그 말과 함께 그는 자리를 떠났고, 스칼렛은 다시 암울한 생각에 빠졌습니다.

소드 10번 TEN OF SWORDS

주제 : 고통, 배신, 상실, 종말

춥고 눅눅한 감방에 있던 스칼렛은 성의 중앙홀로 끌려 나왔습니다. 그녀에게 돌바닥에 무릎을 꿇으라는 명령이 떨어지자 모여 있던 사람들은 야유를 보냈습니다. 그녀 앞에는 심의회를 소집한 에드먼드의 두 동생이 앉아 있었습니다. 그들은 재미있어 죽겠다는 표정이었습니다. 그들의 오른쪽에는 교활한 얼굴을 한 작은 남자가 서 있었습니다. 그의 얇은 입술은 침으로 번들거렸고 남자는 가끔씩 에드먼드의 동생들에게 몸을 기울여 귓속말을 하곤 했습니다.

둘째 왕자가 일어나 스칼렛을 향해 한 걸음 앞으로 나아갔습니다.

"너는 흑마술로 내 형인 에드먼드 왕자에게 저주를 건 죄로 고발당하여 이 자리에 왔다. 할 말이 있으면 해보거라."

스칼렛은 벌벌 떨며 말했습니다. "그것은 사실이 아닙니다. 저는 그런 짓을 하지 않습니다!"

"거짓말!" 교활한 얼굴을 한 남자가 소리쳤습니다. "네가 호숫가에서 주문을 거는 걸 내가 똑똑히 보았다."

"그건 오로지 저만을 위한 무해한 의식이었습니다."

"내가 들었다! 네가 왕자님의 이름을 소리쳐 부르면서 왕자님이 정신이 나갔으면 좋겠다고 하는 걸. 네가 하는 말을 빠짐없이 다 들었단 말이다!"

스칼렛이 고개를 저었습니다. "아니, 아니에요, 그건 사실이 아니에요. 전 그런 말을 한 적이 없습니다."

"그렇다면 내 형이 어째서 난데없이 자신의 계승권을 포기한 거지? 어째서 형이 성에서 도망을 쳤느냔 말이야? 제정신이라면 그런 짓을 할 리가 없을 텐데."

바닥만 뚫어져라 쳐다보던 스칼렛이 교활한 얼굴을 한 남자를 보았습니다. 남자는 이를 드러내며 방긋 웃고 있었습니다.

"당신이 다 꾸며낸 거지! 대체 왜지? 난 잘못한 게 없는데."

교활한 남자가 양손을 맞비볐습니다. "저 거짓말하는 것 좀 보십시오. 저 여자를 가만히 두시면 안 됩니다. 본때를 보여줘야 합니다."

스칼렛은 공포심이 차올랐습니다. 숨도 잘 쉬어지지 않았고, 자신의 운명을 바꾸기 위해 할 수 있는 일도 없었습니다. 그녀와 남자의 진술이 대립하는 상황에서 그녀에게는 가망이 없었습니다. 무딘 검에 등을 열 번은 찔린 것만 같았습니다. 그 고통은 견딜 수 없을 만큼 컸습니다. 만약 그녀 안에 조금이라도 마법이 남아 있다면 지금이야말로 그것을 써야 할 때였습니다. 하지만 그녀는 이미 패배감을 느끼고 있었습니다. 지금까지의 삶이 끝나버린 것이나 다름없었기 때문입니다.

천천히 오랫동안 숨을 들이마시고 스칼렛은 소원을 빌었습니다. 아무도 들을 일 없는, 아주 간단한 요청 한 가지였습니다.

"이 모든 게 끝나게 해주세요."

그 즉시 그녀가 바닥에 풀썩 쓰러져버렸습니다. 마지막 숨을 내쉬자, 힘 빠진 그녀의 몸이 축 늘어졌습니다.

소드 페이지 PAGE OF SWORDS

주제 : 명쾌한 사고, 소통, 자기표현, 아이디어

무슨 일이 일어났는지 깨달은 군중들 사이에 커다란 소란이 일었습니다. "마녀가 죽었다!"라는 외침이 널찍한 홀 전체에 울려 퍼졌습니다. 그때 홀 반대쪽에 있던 문이 벌컥 열리고 에드먼드 왕자가 나타났습니다.

왕자는 홀 맨 앞까지 성큼성큼 걸어와서는 스칼렛을 들어 올려 품에 안았습니다.

"너희들 무슨 짓을 한 거야? 이 여자는 아무 잘못이 없어. 나에게 주문 따위 걸지 않았다고!"

에드먼드는 스칼렛을 조심스레 벤치에 눕힌 다음 소생시키려고 필사적으로 노력했지만 그녀의 핏기 없이 창백한 얼굴은 그대로였습니다. 그는 뒤돌아서 모여 있는 신하들과 동생들에게 공표했습니다. 잔뜩 긴장하기는 했지만 그의 어조는 강직하고 단호했으며 비할 데 없는 달변이었습니다.

"이 가문에서 태어나 제게 주어진 자리는 너무나도 영광이지만, 제가 있을 자리가 아닙니다. 제가 원하는 일도 아닙니다. 그렇다고 저의 가문이나 부친을 존경하지 않는다는 뜻은 아닙니다. 그저 제가 선택한 삶이 아니라는 것입니다. 저는 세상에 나가 제 자신을 자유롭게 표현하고 싶습니다. 저의 의무를 다하고자 노력해보았지만 그럴수록 비참해지기만 했습니다. 진심으로 원하는 일이 아니었기 때문입니다. 저는 제 자신도 감당하지 못할 정도로 점점 잔인해졌고 증오로 가득 차 있었습니다."

그가 뒤를 돌아 스칼렛을 보았습니다.

"이 소녀는 제 분노의 희생양입니다. 저는 그녀에게 무례한 말을 했습니다. 그녀는 그런 대접을 받아선 안 되는 사람이었습니다. 그녀가 무슨 짓을 해서 제 마음이 바뀌었다거나 제가 속아 넘어간 것이 아닙니다. 진정한 나로 살아가야 한다는 사실을 일깨워준 것은 그토록 잔인하게 굴었던 제 자신에 대한 깊은 죄책감이었습니다. 여러분 모두 그녀를 함부로 판단하신 겁니다. 이제 그녀의 죽음에 대한 책임은 여러분이 져야 합니다."

사방은 쥐 죽은 듯 고요했고, 충격에 빠진 사람들의 숨소리조차 들리지 않았습니다. 에드먼드의 전언을 들은 사람들 모두에게 서서히 진실이 분명해지면서, 스칼렛에게 잘못이 없었다는 사실을 깨달았습니다.

"미안해, 형."

"나도 미안해, 제발 날 용서해 줘."

"우리가 어떻게 하면 될까?"

에드먼드는 고개를 저었습니다. "됐어, 이제 소용없으니까. 그때 내 말을 들어주지도 않았지. 하지만 어쩌면 내 잘못도 있어. 나도 너희를 이해시킬 만한 말을 찾지 못했으니까."

"저놈이 우리한테 거짓말을 했어." 동생들이 어둠 속에서 못마땅한 얼굴로 서 있는 작은 남자를 가리키며 말했습니다.

"그리고 너희들은 그 말을 믿었지." 에드먼드가 온화하게 말했습니다.

에드먼드는 조심스럽게 스칼렛을 안아 올렸습니다. 사람들은 조용히 그가 가는 모습을 지켜보며 마침내 에드먼드의 뜻을 이해했습니다. 더없이 명확하게 자신의 입장을 표명한 에드먼드는 더는 할 말이 남아 있지 않았습니다.

소드 나이트 KNIGHT OF SWORDS

주제 : 동기부여, 집중, 성공, 임무에 열중한 남자

시간이 무엇보다 중요했습니다. 에드먼드는 시간이 자신의 편이 아니라는 것을 알고 있었지만, 스칼렛을 구하려는 노력은 해보아야 했습니다. 어떤 대가를 치르더라도 그녀를 되살릴 방법을 찾아 지구 반대편까지도 갈 작정이었습니다.

난생처음 그는 사명감을 느꼈습니다. 그녀를 살리는 것 말고 다른 결과는 생각할 수 없었습니다. 그녀가 정말 죽었는지 아주 깊은 잠에 빠져 있는지 모르겠지만 어쨌든 그녀가 이렇게 된 것은 그의 탓이었습니다.

왕국에서 가장 빠른 발을 가진 에드먼드의 말은 날아가듯이 멀리 들판을 지나 호숫가를 따라 깊은 숲속으로 들어갔습니다. 지금 스칼렛을 구할 수 있는 사람은 한 명밖에 없었습니다. 왕자는 스칼렛을 품에 꼭 껴안은 채 날카로운 검으로 덤불숲의 가지들을 베어내며 나아갔습니다. 그의 말도 바람을 가르며 전속력으로 달려, 그 무엇도 그들을 막을 수 없었습니다. 그가 이렇게까지 단호하거나 무언가에 몰두한 모습은 처음이었습니다.

키 큰 소나무들 사이로 작은 오두막집이 보였습니다. 그가 도착하기도 전에 문이 열리더니 마녀가 두 사람을 안으로 들였습니다.

"여기, 이 테이블 위에 눕히게." 마녀가 말했습니다.

"저희가 온다는 걸 어떻게 아셨지요?"

"쉿!" 마녀가 입술에 손가락을 갖다 댔습니다. "자네는 자네가 해야 할 일을 다 했네. 이젠 나에게 맡겨."

에드먼드는 뒤로 물러나 두 손을 꼭 잡고 기도를 올렸습니다.

'제발. 제발 그녀를 살려주소서.'

마녀가 스칼렛의 양손을 가슴에 올려놓았습니다. 그러고는 눈을 감은 채 조용히 무언가를 중얼거렸습니다. 에드먼드에게는 마녀가 다른 나라 말을 하는 것처럼 들렸습니다. 마녀가 갑자기 선반에 놓여 있는 어떤 단지에 손을 뻗더니 뚜껑을 열었습니다.

"로즈마리." 마녀가 에드먼드를 똑바로 쳐다보며 말했습니다. "스칼렛이 자네를 처음 만난 날 모은 약초지."

마녀가 로즈마리 잔가지 하나를 생기 없는 스칼렛의 손 위에 놓은 다음 그 손을 감싸 쥐었습니다.

그날 숲에서 스칼렛에게 했던 말을 떠올린 에드먼드는 몸이 떨렸습니다.

“정말 미안하오, 스칼렛. 당신이 내 말을 들을 수 있길 온 힘을 다해 바라오.”

그 순간 희미한 미풍이 그의 뺨을 스치더니, 갑자기 스칼렛이 숨을 쉬면서 눈을 떴습니다.

소드 퀸 QUEEN OF SWORDS

주제 : 정직, 진실함, 공감, 마음이 굳센 여인

스칼렛이 깨어난 그 순간은 마치 마법 같았습니다. 어쩌면 정말 마법이 일어난 것인지 몰랐습니다. 일어난 그녀의 눈에는 전에 없던 생기가 넘쳐났습니다. 마녀는 스칼렛의 어깨에 손을 얹고 미소를 지었습니다.

"몸은 좀 어떠니?"

스칼렛은 에드먼드와 마녀를 번갈아 바라보더니 숨을 깊게 들이

쉬었습니다. "좋아요. 깊은 잠을 자고 일어난 것처럼 개운해요."

"난 당신이 죽은 줄 알았소." 에드먼드가 속삭이듯 말했습니다.

"죽었었죠, 어떻게 보면. 하지만 다시 태어나 전보다 강해진 것 같아요. 제 진정한 쓸모를 받아들일 준비도 되었어요."

마녀가 방구석에 놓인 의자 쪽에 스칼렛을 앉혔습니다.

"잠깐 여기 앉거라. 숨 좀 돌리고."

자리에 앉은 스칼렛은 지난 며칠간 일어난 일들을 곰곰이 생각해 보았습니다. 짧은 기간 너무 많은 일을 겪은 듯했고, 배운 것도 많았습니다. 깊은 잠에 빠져 있던 시간조차 그녀로 하여금 마음속 진실을 들여다보게 해주었습니다.

"전 며칠 전까지 어린 소녀였지만 이젠 제 세계를 스스로 다스릴 수 있는 여자가 되었어요. 제가 무엇을 원하는지, 저에게 무엇이 중요한지 이제는 알아요. 결코 일어날 리 없는 한심한 환상은 절대 아니죠. 제 안에는 선을 위해 지녀야 하는 사명과 깊숙이 잠든 힘이 있어요."

에드먼드가 다가와 스칼렛의 발치에서 머리를 깊이 숙였습니다.

"당신은 스스로 여왕이 된 사람이오. 일이 이렇게 된 데에는 내 책임도 있으니 진심으로 사죄하리다. 나 또한 만물의 가치를 배웠소. 더는 당신이 숲에서 보았던 예전의 그 사람이 아니오. 제발 날 용서해주오."

"용서할 것이 없어요." 스칼렛이 미소를 지었습니다. 그러더니 뒤를 돌아 구석에서 지켜보고 있던 마녀를 마주보았습니다.

"당신은 제게 많은 것을 가르쳐주셨습니다. 제게 용기를 북돋아주시고 제 안에 있는 마법에 눈을 뜰 수 있게 해주셨지요. 그런데 저는 조금도 고마워하지 않고 그냥 하기 싫은 일로만 여겼습니다. 실은 제가 유일하게 사랑하는 일이었는데도요. 당신처럼 되는 것이 제 영혼이 다해야 할 소명이에요. 이제부터는 성실한 제자가 되겠습니다. 당신과 함께할 수 있다는 게 영광이에요."

마녀가 고개를 끄덕였습니다. "나 역시 영광이란다. 우린 서로에게 배울 점이 있어."

"당신은 어떤가요, 에드먼드 왕자님? 당신에게서도 변화가 보이는군요." 스칼렛이 말했습니다.

"내가 겪은 건 심경의 변화요. 나는 아버지의 뒤를 이어 나라를 다스리고 싶지도 않고 다른 가족들처럼 되고 싶지도 않소."

"그럼 하지 말구려. 독재자가 되지 않고도 왕이 될 수 있는 방법은 널렸으니까." 왕자에게 손을 내밀며 마녀가 말했습니다. "자, 당신만의 방법을 찾도록 내 도와주리다."

소드 킹 KING OF SWORDS

주제 : 진리, 권위, 지혜, 존경, 훌륭한 사람

그 후 몇 주에 걸쳐 에드먼드는 스칼렛과 마녀와 오랜 시간을 보내면서, 이 땅의 섭리와 온갖 식물과 약초를 기르고 재배하는 법을 배우고 자연의 역할을 이해했습니다. 그는 그곳의 분위기에 완전히 녹아들어 현지 사람들과 어울렸습니다. 지혜가 쌓일수록 자신감도 함께 강해졌고, 마침내 그는 자신의 힘을 온전히 받아들이게 되었습니다. 백성들을 돕고 그들에게 더 나은 세상을 만들어 줘야겠다는 열망이 그의 행동을 이끄는 원동력이 되었고, 그는 마침내 자신이 있어야 할 자리와 삶의 목적 또한 깨달았습니다.

그는 자신의 뜻과 의견을 열정적으로 피력하면서 가족과의 불화를 개선해갔고, 그 결과 동생들도 그의 변화를 받아들였습니다. 그의 아버지인 왕은 쉽게 마음이 움직이지는 않았지만, 시간이 지나 에드먼드가 자기만의 길을 가면서 전보다 훨씬 행복해진 모습을 직접 보았습니다. 또한 왕국을 다스리는 데 방법이 하나만 있는 것은 아니며, 예전 방식과 새로운 방식을 혼합해서 더욱 조화롭고 생산적인 세상을 만들 수 있다는 사실을 깨달았습니다.

에드먼드는 왕좌에 오르고 싶지는 않지만 백성을 도와 소작농과 귀족 사이의 간극은 메우고 싶었습니다. 번번이 무시당하던 사람들의 목소리가 되어 그들을 대변하고 싶었습니다. 그는 길잡이이자 스승으로서 백성들 곁에 머물며 언제든 조언을 아끼지 않고 그들의 필요를 대변해주었습니다. 또한 백성과 왕 사이의 다리 역할을 하면서 그 관계를 굳건히 다져나갔습니다.

스칼렛도 에드먼드의 아이디어에 자문을 해주고 끊임없이 대화를 나누면서 자신의 점술 능력을 발휘하여 에드먼드가 앞을 내다볼 수 있게 도왔습니다. 더불어 에드먼드는 스칼렛을 격려하면서 그녀가 지닌 힘이 꽃 피우는 것을 지켜보았습니다. 그뿐만이 아니었습니다. 두 사람이 서로에게 품은 애정 역시 진정한 온정과 존경을 바탕으로 한 우정으로 눈에 띄게 피어났습니다.

한 어린 소녀의 마음속에서 타오른 열정의 불꽃, 허구에서 시작된 것이 두 지성의 만남이 되어 흔들리지 않는 플라토닉한 한 쌍이 되었습니다. 이 묘한 관계를 마녀가 모를 리 없었습니다. 마녀는 두 사람의 관계가 발전하는 것을 흥미롭게 지켜보았습니다.

마녀가 어느 날 호숫가를 따라 걷다가 말했습니다. "너야말로 마녀들의 진정한 여왕이구나, 얘야. 너는 네가 바라던 바를 모두 실현한 데다 왕을 가장 가까운 친구로 두고 있기도 하잖니."

"어쩌면 처음부터 그럴 운명이었을지 모르죠."

"그럴지도 모르지." 마녀가 미소를 지었고, 두 사람은 편안한 침묵 속에서 계속 걸었습니다.

컵 슈트

The Suit of Cups

컵 에이스 ACE OF CUPS

주제 : 사랑, 순수, 실천, 다산

'옛날 옛적에'로 이 이야기를 시작하는 것도 좋겠지만, 사실 어떤 순간이든 조건만 맞아떨어진다면 특별한 시작이 될 수 있습니다. 순간이라는 것은 각자가 활용하기 나름입니다. 어떤 이에게는 무언가의 시작, 내면에서 솟아나 심장을 태워버리는 감정의 탄생일 수 있습니다. 물론 그것이 진짜 탄생을 말하는 것일 수도 있습니다. 사랑과 관심, 보살핌으로 자라나 찬란히 타오르는 생명의 불씨 말입니다. 그리고 이 특별한 이야기도 마찬가지로, 감정이 깃들어 당신을 한 편의 여정으로 이끄는 이야기가 될 것입니다.

이야기는 구슬프고 새된 울음소리로 시작됩니다. 그 소리는 아침 공기를 가르며 이른 아침 강가로 산책을 나온 한 다정한 신사의 이목을 끌었습니다. 그는 오늘만큼은 어떤 일도 마음에 와닿지 않을 것 같았습니다. 마음도 생각도 한없이 무거웠기 때문입니다. 하지만 그 소리는 그의 내면 깊은 곳까지 울려퍼지며 그를 끌어당겼습니다. 신사가 소리를 따라 물가에 가보니 모슬린과 레이스에 감싸여 연잎 위에 누워 있는 자그마한 아기가 있었습니다.

"이런 세상에나! 이게 누구야, 꼬마 친구구나. 아유 예쁘기도 해라!"

바로 그 순간 그는 사랑에 빠졌습니다. 이 아기가 어디서 왔는지, 어떤 집에서 태어났는지, 누구의 아기인지 의문을 품지 않았습니다. 아기가 그의 인생으로 흘러들어와 인생을 180도 바꿔놓은 것이 전혀 이상하지도 않았습니다. 그에게는 물가로 다가간 것이 아기의 이야기가 시작되는 순간이었습니다. 아기는 사랑 그 자체였고, 그의 마음의 잔은 넘칠 듯이 가득했습니다.

아기는 자그마한 손안에 어마어마한 잠재력을 쥐고 있었습니다. 신사는 앞으로 아기가 살게 될 인생이 눈에 선했고, 눈을 감고 있으면 그 모습이 그려졌습니다.

소녀가 되어 정원에서 나비를 쫓아가거나 활짝 핀 장미꽃 향기를 맡을 때 아이의 눈에 기쁨이 서려 있었습니다. 젊은 여성이 된 그녀는 누구에게나 인기 많은 아름다운 아가씨였습니다. 그리고 단 한 사람에게 서로의 전부가 되어, 두 사람은 함께 인생을 시작하게 될 터였습니다. 그러다가 자신이 낳은 자그마한 아기를 품에 안은 여인이 된 모습, 아이를 돌보며 흡족해하는 눈빛까지 상상이 되었습니다. 그렇게 이야기가 이어져 그는 짧은 순간에 이 모든 것을 보았습니다. 신사는 아이를 처음으로 품에 안으면서 사랑이란 것이 무엇인지 온전히 느꼈습니다.

컵 2번 TWO OF CUPS

주제 : 결합, 조화, 균형, 영혼의 반려자

아기는 자라나 아버지의 눈에 넣어도 안 아플 만큼 아름다운 처녀가 되었습니다. 이름은 릴리였습니다. 온화함과 사랑이 넘치는 그녀는 모든 것에서 기쁨을 볼 줄 알았습니다. 아버지는 그녀를 매우 아꼈고, 그녀는 아버지에게서 언젠가 함께하고 싶은 사람의 모습을 보며 서로 각별하게 지냈습니다. 아버지가 릴리에게 심어준 가치관은 정직함과 충성심, 타인의 마음을 헤아릴 줄 아는 공감 능력까지 언제나 공정하고 진실된 것이었습니다. 덕분에 릴리는 주변 사람들 모두에게 상냥함의 훌륭한 본보기가 되었습니다.

하지만 릴리는 그중에서도 아버지와의 관계를 가장 소중하게 여겼습니다. 부녀는 매일 정원에서 함께 대화를 나누고 웃으며 시간을 보냈습니다. 아버지가 젊은 시절 이야기를 들려주면, 딸은 아버지의 경험에서 배움을 얻었습니다.

"전 아버지랑 함께하는 이 시간이 너무 좋아요."

릴리가 말하자 그는 미소를 지으며 고개를 끄덕였습니다.

"정말 특별한 시간이지. 넌 특별한 아이란다. 언젠가 내가 네게서 보는 걸 알아보는 사람을 만나게 될 거다."

"진정한 사랑이요?"

"영혼의 반려자 말이다."

"그게 뭔데요?"

릴리가 묻자 아버지는 컵을 들어 올리며 말했습니다.

"가장 깊은 차원에서 교감하는 사람. 이 안에 있는 것을 알아봐주는 사람을 말하는 거란다." 아버지는 자신의 가슴을 톡톡 두드렸습니다.

"친구요?"

"그래, 너의 가장 친한 친구. 네가 의지할 수 있는 든든한 사람이자 네 마음을 설레게 하는 사람이기도 하지."

릴리는 아버지의 얼굴을 유심히 살폈습니다. 그의 표정에는 오래전에 잃어버린 무언가의 흔적이 비쳤습니다. 그 속에는 슬픔이 깃들어 있었지만, 그 사람을 떠올릴 때의 커다란 기쁨도 함께 보였습니다.

"아버지는 그런 사람이 있던 적이 있으세요?" 릴리가 물으면 아버지는 추억에 잠긴 듯 먼 곳을 바라보곤 했습니다.

"있었단다, 얘야. 나에게도 있었지."

릴리는 한숨을 쉬며 아버지의 어깨에 손을 얹었습니다. 비애와 동시에 아버지가 한때 느꼈던 깊은 사랑 역시 전해졌기 때문입니다. 그런 사랑이 무엇인지 아직 온전히 이해되지는 않았지만 릴리도 언젠가는 교감할 수 있는 특별한 사람, 자신을 설레게 할 사람을 만날 수 있기를 바랐습니다.

하지만 릴리는 지금 당장은 자신을 둘러싼 세상 속에서 만족과 조화를 느꼈습니다. 지금 이 순간만큼은 가족이든 친구든 모든 관계가 그녀의 마음을 행복으로 가득 채워주었습니다.

컵 3번 THREE OF CUPS

주제 : 우정, 축하, 동지애, 유대감

시간이 흘러 하루가 주가 되고, 주가 달이 되었습니다. 마침내 왕국의 모든 이들이 축하할 릴리의 성년식 날이 다가왔습니다. 그녀의 아버지는 모든 가문을 불러 성대한 잔치를 열 계획을 세웠습니다. 릴리가 무엇보다 좋아하는 것이 음악에 맞춰 무도회장을 돌며 춤을 추는 것이었으므로, 그날은 재미있는 놀이와 흥겨운 춤으로 가득할 예정이었습니다.

릴리에게 이 특별한 날을 함께 나눌 자매는 없었지만 친구는 많았기에, 모두들 참석해서 그녀를 축하해주고 싶어 했습니다. 중요한 날을 준비하는 과정 또한 재미있어서 마을 사람들 모두 함께 거리와 건물을 리본과 꽃으로 장식했습니다. 마을 광장은 북새통을 이루었고, 경사를 앞두고 모두들 기분이 들떠 있었습니다.

생기발랄한 릴리는 빨리 인생의 다음 장을 넘기고 싶어 안달이 나 있었습니다. 이제 능력껏 세상에 나가 진정한 소명을 찾고 싶었습니다. 내심 이 여정을 함께할 영혼의 반려자를 찾고 싶었지만, 그게 쉬울 리가 있을까요?

아버지는 평생에 단 한 번 찾아오는 사랑인 것처럼 말했는데, 만약 정말 그렇다면 그 특별한 누군가를 만날 확률은 극히 드물 수밖에 없었습니다. 그런 사람이 그냥 저절로 그녀의 인생에 걸어온다든지 어느 날 길거리에서 우연히 마주친다든지 하는 일은 없을 것 같았습니다. 그녀 생각에 적극적으로 할 수 있는 일은 다 해봐야 그런 사랑을 찾을 수 있을 것 같았습니다. 과연 어디서부터 시작해야 할지 릴리는 혼란스러웠습니다. 그래서 가장 가까운 두 친구에게 이 문제에 대해 자주 물어보곤 했습니다.

"내 짝은 대체 어떻게 찾는 걸까? 어디서부터 시작하는 거지?"

릴리가 물으면 친구들은 서로를 바라보며 의미심장한 미소를 지었습니다.

"오, 릴리." 언니 로즈가 대답했습니다. "때가 되면 생길 거란다."

"이런 건 억지로 되는 일이 아니야." 로즈의 동생인 바이올렛이 말했습니다.

"하지만 그러다 영영 안 생기면 어떻게 해?"

"걱정 그만하고 즐겨. 연애할 시간은 충분하니까." 로즈가 말했습니다.

항상 돌아오는 대답은 같았고, 사실이기도 했습니다. 릴리는 정말로 그렇게 하기로 했습니다. 생일이 다가온 그날 하루의 모든 순간을 마음껏 즐겼습니다.

릴리는 제일 친한 두 친구와 노래도 하고 춤도 추었습니다. 생일을 축하하며 잔을 높이 들고 환호하며 다 함께 웃었습니다. 릴리는 지금 받고 있는 모든 사랑을 진심으로 감사하게 여겼습니다. 자신이 얼마나 큰 축복 속에 있는지 자각하고, 자신이 아끼는 가까운 이들과 함께 신나게 놀면서 그 행복을 만끽했습니다.

컵 4번 FOUR OF CUPS

주제 : 냉담함, 권태, 명상, 불만

릴리가 생일잔치를 즐기는 동안, 골짜기 너머 높디높은 산 위에서는 한 청년이 릴리와 전혀 다른 기분으로 앉아 있었습니다. 생각에 골몰하느라 청년은 아름다운 푸른 하늘도, 작열하는 태양을 막아주고 있는 나무도 알아차리지 못했습니다. 그는 감정에 짓눌린 나머지 주위를 제대로 볼 수조차 없었습니다.

청년에게 지금 이 순간 인생은 지루하기 짝이 없고 어떤 가능성도 보이지 않았습니다. 아무리 애를 써도 자신이 어떤 분야에서든 성장하고 있다는 느낌을 받지 못했습니다. 속에서 불만이 점점 커지다 보니 앞으로 나아갈 길도 보이지 않았습니다. 물론 그에게 방법이 아주 없던 것은 아닙니다. 어쩌면 받아들였어야 했던 기회도 몇 번 있었지만 마음이 내키지 않았습니다. 그는 무언가를 찾고 있었지만 정작 그게 무엇인지 몰랐습니다.

팔짱을 끼고 양반다리를 한 자세는 변화를 가로막는 장벽과 같았지만, 그는 그것도 알아차리지 못했습니다. 그는 눈앞에 세 개의 잔을 나란히 놓았습니다. 각각의 잔은 하나의 길, 또는 하나의 선택을 뜻했습니다. 하지만 그것도 결국 또 다른 헛된 몸부림일 뿐이었습니다. 사실 그의 길을 가로막고 있는 것은 아무것도 없었습니다. 고민에 너무 깊이 빠진 나머지 옆에서 내밀어진 컵도 보지 못한 것은 그의 탓이었습니다. 모처럼 골짜기 너머 머나먼 땅에서 바람을 타고 온 기회의 속삭임인데 말이죠.

그가 주변을 잘 둘러보고 순간에 집중했다면 이리저리 세상을 돌아다녀야 한다는 것을, 바람이 부는 대로 움직여야 한다는 것을 알았을 수도 있습니다. 하지만 그는 고개를 푹 숙인 채 그 자리에 못 박힌 듯 앉아 무감각한 상태에 빠져 있었습니다.

그는 그냥 포기하고 집으로 가서 남들처럼 그저 그런 평범한 삶을 살까 생각했습니다. 하지만 그의 내면에서 무언가가 요동을 쳤습니다. 그는 어쩌다 갇힌 이 다람쥐 쳇바퀴에서 벗어나야만 했습니다. 더 심오한 의미와 소명을 찾아야만 했습니다. 그때 모험을 할 수도 있다는 희미한 암시가 머릿속에 떠오르자 가슴이 두근거렸습니다.

그저 첫걸음을 내딛고, 우주의 힘과 자신의 마법을 믿고 걱정 없이 미지의 세계를 받아들이기만 하면 될 것 같았습니다.

그는 주위를 둘러보았습니다. 골짜기 너머 무엇이 있을지 궁금했습니다.

'저 방향으로 성큼성큼 나아가면 무엇을 찾게 될까?'

별것 없을 수도 있지만 어쩌면 절대 놓치지 말아야 할 것을 발견할지도 몰랐습니다. 지칠 대로 지쳐 있었지만 내면의 무언가가 그를 놓아주지 않았기에, 그는 주저하는 마음과 두려운 마음을 품고 억지로 몸을 일으켰습니다.

컵 5번 FIVE OF CUPS

주제 : 상실, 슬픔, 외로움, 눈물

생일 이후에 릴리는 우울해졌습니다. 아버지가 나이 들어 병에 걸려 나날이 쇠약해졌기 때문입니다. 본분을 지키는 헌신적인 딸인 릴리는 아버지의 곁을 한 시도 떠나지 않았습니다. 아버지의 병을 낫게 하려고 왕국에서 좋다는 명약과 의사는 다 찾아보았지만 아무 소용 없었습니다. 밤마다 릴리는 아버지에게 책을 읽어주었고, 낮에는 매일 이마의 땀을 닦아주면서 생명의 불꽃에 불이 붙기를 바라는 마음으로 자신의 꿈과 미래에 대해 말해주었습니다. 하지만 2주가 지나 그녀가 가장 두려워하던 일이 현실이 되고 말았습니다. 아버지가 릴리 홀로 슬퍼하게 내버려두고 산 자의 땅에서 영영 사라져버린 것입니다.

릴리의 슬픔은 모든 것을 삼켜버릴 만큼 컸습니다. 이 정도로 깊은 슬픔을 느껴본 적이 없었기에 그것은 고통의 강이 되어 릴리를 휩쓸고 지나갔습니다. 그토록 소중했던 사람을 잃는다는 것은 도저히 감당할 수 없는 일이었습니다. 릴리는 자신의 이야기가 어디서 시작되었는지, 아버지가 그날 강가에서 그녀를 어떻게 발견했는지 다 알고 있었습니다. 이미 가족이었기에 그런 건 아무래도 좋았습니다. 그런데 그런 아버지를 잃은 것입니다.

친구들이 그녀를 위로해주려고 노력했습니다. 그들은 릴리 곁에서 포근한 담요처럼 위로의 말을 건넸지만 아무 소용이 없었습니다. 아버지가 마지막 숨을 거둔 순간, 릴리의 인생에서 따스함은 모조리 사라졌습니다. 가장 가까운 친구인 로즈와 바이올렛조차 불쌍한 릴리의 마음을 움직일 수는 없었습니다.

"너희 아버지도 이러지 않길 바라실 거야." 두 친구가 애원했습니다. "네가 이겨내고 행복을 찾길 바라실 거라고."

릴리의 대답은 늘 같았습니다. "어떻게 해야 이겨낼 수 있을까? 이 고통에서 벗어날 수가 없어, 아직은."

그렇게 말하고 나면 눈물이 흐르고 외로움이 엄습했습니다. 릴리는 삶과 완전히 멀어져 동떨어진 기분이 들었습니다. 늘 그녀의 일부였던 기쁘고 명랑한 느낌은 되찾기가 힘들었습니다.

몇 주가 흘러서도 릴리는 과연 이 어둠에서 벗어날 날이 오기는 할까 스스로 의심했습니다. 하지만 세상만사가 그렇듯 삶은 계속되기 마련이어서, 더디긴 하지만 릴리는 다시 한 걸음씩 앞으로 나아가기 시작했습니다. 아버지와 함께한 세월 동안 얻은 것에 더 집중한 덕분이었습니다. 릴리는 저 멀리 가느다랗게 새어 들어오는 빛을 향해 손을 뻗어 그것을 붙잡았습니다.

컵 6번 SIX OF CUPS

주제 : 어린 시절의 추억, 천진함, 과거의 영향, 가족

릴리는 자신의 태생에 대한 생각이 많아졌습니다. 그녀를 사랑하는 아버지의 품으로 이끌었던 것은 무엇이었을까? 친부모를 알고 싶은 마음은 없었지만, 그래도 자신이 진짜 누구인지 알고 싶었습니다. 아버지는 언제나 숨김없이 솔직했고, 어릴 때부터 그녀에게 진실을 이야기해주었습니다. 아버지는 그것을 재미있는 이야기 놀이로 바꾸곤 했는데, 그때 릴리의 진짜 정체를 함께 짐작해보며 마법

같은 이야기를 지어내곤 했습니다.

어린 시절을 회상하면 마음이 힘들긴 했지만 점점 궁금해지는 호기심 덕분에 슬픔을 달랠 수 있었습니다. 아버지는 어떻게 모슬린과 레이스에 꽁꽁 싸여 연꽃 안에 있던 릴리를 발견했는지 설명해주었습니다. 릴리는 그 꽃이 어디서 자라는지도, 그곳 가까이에 마을이 있다는 것도 알고 있었습니다. 어쩌면 그 마을이 그녀의 출생지일지도 몰랐습니다. 알아볼 방법은 딱 한 가지뿐이었습니다.

릴리는 아기 때 그녀를 따뜻하게 덮어주었던 모슬린과 레이스를 비롯하여 가장 아끼는 소지품을 가방에 챙겨서 자신의 진짜 고향이기를 바라는 곳으로 길을 나섰습니다. 걸어서 이틀 가까이 동안 릴리가 가는 길에 눈부신 햇살과 푸른 하늘이 활력을 불어넣어준 덕분에 행복했던 어린 시절을 되새길 수 있었습니다. 아버지가 너무 보고 싶을 때는 언제든 마음만 먹으면 불러올 수 있는 추억이 있었습니다.

릴리가 떠난 후 셋째 날 아침, 마침내 그 작은 마을에 도착했습니다. 마을 사람들이 시장을 열 준비를 하고 있었습니다. 릴리는 이 길이 친부모님이 걸었던 길은 아닐까 상상하며 자갈이 깔린 거리를 천천히 거닐었습니다.

'이 길은 친부모님도 손을 꼭 잡고 함께 걸었을까, 아니면 그저 마지막 목적지로 가는 길에 잠시 지나친 곳이었을까?'

잠시 꽃가게 앞에서 아름답게 핀 꽃들에 감탄하고 있던 바로 그 때, 꽃다발 사이에 특이하게 생긴 연꽃잎이 눈에 들어왔습니다.

"여기, 이거 드릴게요." 꽃가게 청년이 릴리에게 꽃이 가득 꽂힌 컵을 건네며 말했습니다.

“어머, 너무 아름답지만 전 받을 수 없어요. 돈이 없거든요.”

“그냥 드리는 겁니다.” 청년이 미소를 지었습니다.

“이 꽃을 보니까 제 어린 시절, 저희 아버지께서 해주신 이야기가 생각나네요.”

“그렇다면 더더욱 이 꽃을 가져가셔야겠네요.”

릴리는 감사하다는 인사를 하고 그 컵을 가슴에 꼭 끌어안았습니다. 그 꽃은 그녀의 영혼을 온통 온기로 채워주었고, 아무것도 잊어버리거나 잃어버린 것은 없음을 깨닫게 해주었습니다.

컵 7번 SEVEN OF CUPS

주제 : 기회, 선택, 혼란, 환각

청년은 마침내 무기력했던 날들을 뒤로하고 산에서 내려왔습니다. 그 역시 릴리와 같은 마을로 이동 중이었습니다. 한걸음 한걸음 내딛을 때마다 활기가 돌았고 미래에 마음이 점점 열렸습니다. 이제 그의 머릿속엔 어두운 실패의 그림자 대신 다가올 미래에 대한 꿈이 피어올랐습니다. 그에게는 지금도 수없이 많은 선택지가 있었습니다. 어째서 그 전에는 깨닫지 못했던 것일까요? 갑자기 하늘이 맑게

개면서 그가 실현시킬 수 있을 것 같은 소망이 눈앞에 주렁주렁 열린 것 같았습니다. 어떤 소망부터 시도해보아야 할까요?

'사업을 시작해야 할까? 기술이나 장사를 배워야 할까? 행운의 여신을 믿고 도박을 해서 부자가 되어볼까? 스승을 찾아 도움을 받을까? 살 곳을 찾아야 할까, 하나 지어야 할까?'

이런저런 질문들이 그의 머릿속에서 뒤죽박죽되어 머리가 터져버릴 것만 같았고, 마을에 왔을 때는 상태가 더 심해져 있었습니다.

마침 장날이라 거리에는 온갖 가판대가 늘어서 있었습니다. 청과물·제과류·달콤한 간식·케이크·수많은 비스킷 등 달콤한 향기를 맡으니 배에서 꼬르륵 소리가 났습니다. 보석류·수정·천연보석이 넘칠 듯한 테이블, 망토와 드레스부터 어떤 사이즈나 형태로든 재단할 수 있는 직물까지 옷을 파는 가판대도 있었습니다. 식물과 화환이 그득한 곳, 약초가 놓인 곳, 단번에 눈길을 끌도록 꽃이 진열된 곳도 있었습니다. 심지어 신기하게 생긴 동물들, 도마뱀과 뱀, 이름도 모르고 본 적도 없는 동물들을 파는 가판대도 있었습니다. 눈요깃거리가 많아 꽤 인상적이었습니다.

청년은 시선 둘 곳을 몰랐습니다. 그를 유혹하려는 행상들의 온갖 권유와 재담, 제안, 조건이 너무 그럴싸해서 오히려 다 거짓말처럼 들릴 지경이었습니다. 정직하지 못한 사람들 사이를 뚫고 나아가면서 그는 머리가 어지러웠습니다. 마치 모든 것이 헛것인 환상 속에 들어온 것만 같았습니다.

"내가 무엇을 원하는지 어떻게 알지? 선택은 또 어떻게 하고? 모든 게 다 너무 혼란스러워." 그가 혼잣말로 중얼거렸습니다.

어떻게 하면 명쾌한 답을 찾을 수 있을까요. 그는 전보다 한 단계 더 성장한 것 같았지만, 여전히 자신의 진짜 목적지는 알 수 없었습니다.

청년은 어떤 계시를 얻기라도 하려는 듯 하늘을 보고는 두 손을 높이 들었습니다. 그 여자를 본 것은 바로 그때였습니다. 여자는 숨이 멎을 듯 너무 아름다웠습니다. 그 순간 그의 머릿속에 있던 다른 생각이 모조리 사라졌습니다.

컵 8번 EIGHT OF CUPS

주제 : 실망, 자기성찰, 포기, 단념

청년은 그 검은 머리 소녀에게 넋을 빼앗겼습니다. 꽃이 담긴 컵 하나를 품에 안고 인파 사이를 누비는 소녀의 모습을 지켜보았습니다. 어깨로 흘러내린 소녀의 곱슬머리에 햇빛이 들었습니다.

"저 여자는 누구인가요?"

청년이 가장 가까이 있던 행상에게 물었지만, 그 행상은 그저 어깨만 으쓱하고 가버렸습니다. 다시 힐끗 돌아보니 소녀의 모습은 온데간데없었습니다.

"안 돼!"

청년이 외쳤습니다. 그녀를 찾아야만 했습니다. 까치발로 서서 군중 사이를 살피니 저 앞에서 아주 짧은 순간 그녀가 보였습니다. 사람들을 밀치락달치락하면서 언덕을 내려갔지만 그녀를 찾지 못했습니다.

"못 보셨나요? 컵 들고 있는 소녀 못 보셨어요?"

만나는 행상마다 붙잡고 물었지만, 못 봤다는 대답 아니면 무표정한 얼굴밖에 없었습니다. 그는 앞을 가로막는 사람들을 신경 쓸 틈도 없이 전속력으로 내달렸습니다. 그 바람에 앞에 있던 사람들만 괴롭힌 꼴이 되고 말았습니다.

청년은 상점 안도 들여다보고, 소녀도 그랬을까 하는 생각에 골목을 돌아가보기도 했지만 결과는 달라지지 않았습니다. 지금까지 왔던 길을 되돌아가면서 중간에 소녀를 놓친 것은 아닌지 다시 확인하기도 했습니다. 어쩌면 소녀를 지나쳐 못 본 것일지도 모르니까요. 가능성이 아주 낮다는 것을 알고 있었지만 지금 그의 눈에 보이는 건 그녀뿐, 생각나는 것도 그녀뿐이었습니다.

지금 자신이 얼마나 돌발적이고 평소답지 않은 행동을 하고 있는지 알고 있었습니다. 방금 전까지만 해도 그의 머릿속은 헛바람으로 가득 차 있었고, 앞에 놓인 수많은 선택지에 어리둥절한 상태였습니다. 그러나 이제 모든 것이 바뀌었습니다. 그녀에게는 무언가가 있었습니다. 그녀를 본 순간, 두 사람이 앞으로의 여정을 함께할 운명임을 그는 알 수 있었습니다.

그는 시인의 영혼을 지닌 몽상가 기질이 있어서 세상 일에 쉽게 마음이 흔들리고 예민했지만 이 소녀만큼은 특별하다는 확신이 있었습니다. 그녀에게서 자신과 같은 영혼을 보았습니다. 그것은 단순한 인연이 아닌, 특별한 만남이었습니다.

청년은 소녀를 찾아 계속 돌아다녔습니다. 밤이 되어 사람들도 점점 줄어들고 상점들도 문을 닫았지만 그는 여전히 기다렸습니다. 마치 덫에 갇힌 기분이었습니다. 소녀가 아직 여기에 있어서 만날 수 있을지 모른다는 생각에 아무 데도 갈 수 없으면서도, 여기 있는 동안 소녀가 옆 마을로 가버렸을지도 모른다는 생각에 걱정이 되었습니다. 그는 어떻게 하는 게 좋을지 혼란스러웠습니다.

어둠이 하늘을 뒤덮자 그의 생각 또한 암울해졌습니다. 실망이라는 얼음 같은 손가락이 그의 심장을 휘감는 것이 느껴졌습니다. 소녀와의 만남을 단념해야 한다는 사실을 받아들여야만 했습니다. 청년은 느릿느릿 성문으로 갔습니다. 이제 포기하고 다시 앞으로 나아가야 했습니다.

컵 9번 NINE OF CUPS

주제 : 꿈의 실현, 달성, 만족, 풍요

릴리에게나 청년에게나 시간은 쏜살같이 흘러갔지만, 흘러간 방식은 사뭇 달랐습니다. 릴리는 자신이 진정 누구인가에 대한 탐구를 계속하던 중 시장에 갔다가 뜻밖의 행운을 만났습니다. 마을 사람들이 물건을 사고파는 그곳이야말로 자신의 출생을 탐문하기에 더없이 좋은 기회였고, 이런저런 질문 끝에 어떤 사실을 알게 되어 바로 그 자리를 나왔습니다.

특이한 출생 사연이 있는 아름다운 아가씨에 대한 소문은 얼마 안 가 권세 있는 자들의 귀에 들어갔고, 그 즉시 릴리는 마을 반대편 부유한 영주의 대저택에 초대받았습니다. 그리고 그 곳에서 진실을 알게 되었습니다. 처음에 릴리는 자신이 들은 이야기를 좀처럼 믿을 수가 없었습니다. 하지만 그 이야기는 그녀 안의 무언가를 흔들어 놓았습니다.

부유한 가문의 어린 딸이 얼굴도 모르는 남자와 약혼했지만, 훨씬 가난한 다른 남자와 사랑에 빠진 이야기였습니다. 두 사람의 사랑은 진실되었지만 함께한 시간이 너무나 짧았습니다. 남자가 멀리 쫓겨나면서 두 사람의 일은 유야무야 덮이는가 했지만, 여자가 임신을 하고 말았습니다. 여자의 집안에서는 태어난 아기를 모슬린과 레이스에 감싸 강가에 버렸고, 릴리의 친어머니는 릴리를 낳은 직후 중병에 걸려 아이가 어떻게 된지도 모르고 지냈습니다. 그 후 수년간 딸을 찾기 위해 애썼지만, 끝내 그 소원을 이루지 못하고 세상을 떠나고 말았습니다. 정략결혼한 남자와의 사이에서 낳은 외아들이 어머니의 바람을 이루어드리기로 마음먹고 수색을 계속하던 중이었습니다.

그렇게 릴리는 남동생과 새로운 가족이 있다는 사실을 알게 되었고, 그들 모두가 릴리를 가족으로 기꺼이 받아들였습니다. 그 가족은 릴리에게 함께 살자고 권했고, 릴리는 바로 그곳에 자리를 잡았습니다. 자신이 누구인지에 대해 알게 된 릴리는 자신감과 희망이 무럭무럭 솟아났습니다. 아버지에게 받은 사랑뿐만 아니라 새로 맺은 유대감 또한 그녀의 마음을 벅차오르게 했습니다. 릴리는 집안을 돌보고, 지역사회의 일원이 되어 어려운 사람들에게 베풀고 조언도 해주었습니다. 릴리의 삶은 점점 풍요로워졌고, 그녀는 처음으로 진정한 충만함을 느꼈습니다.

되찾은 가족에게 열렬한 환영을 받으며 그 가족의 일원으로 받아들여지다니. 꿈이 실현된 것이나 다름없었습니다. 릴리는 이전의 삶도 물론 소중했지만 지금 이게 그녀의 원래 삶이라고 생각했습니다.

남동생은 가족의 중심이자 집안의 가장인 데다, 릴리에게 보호자 이상의 존재로서 우애와 지지를 아끼지 않았습니다. 릴리는 운이 좋아서 이렇게 훌륭하고 사랑이 넘치는 가족을 둘이나 갖게 된 것이라고, 그러니 왕국에서 제일가는 부자라고 생각했습니다. 이렇게 감사할 줄 아는 마음은 그녀에게 더욱 많은 복을 불러왔습니다.

컵 10번 TEN OF CUPS

주제 : 신성한 사랑, 지복, 동화 같은 결말, 화목

청년 역시 자신이 정착할 곳을 찾았습니다. 이웃 마을에 사는 화가의 제자가 된 것입니다. 처음에는 그저 화가를 도와 붓을 빨고 화구를 세척하고 캔버스를 준비하는 게 다였지만, 세월이 흐르면서 그의 창의력을 발휘해 그린 그림은 곧 그의 열정이 되었습니다. 청년은 자신을 설레게 했던 검은 머리 소녀를 한 시도 잊은 적이 없었기에, 그때의 감정들을 화폭에 오롯이 옮겼습니다.

그는 시간과 에너지를 쏟으며, 마음속에 분명한 목표를 세웠습니다. 자신이 얼마나 멀리 왔는지 떠올리자 절로 미소가 지어졌습니다. 그는 더 이상 혼란에 빠진 몽상가도, 한 치 앞도 내다보지 못하는 계획 없는 소년도 아니었습니다. 이제 그는 삶의 의미를 지닌 남자, 일에서 크나큰 기쁨을 취하는 남자가 되어 있었습니다.

그림으로 어느 정도 명성을 얻게 된 청년은 어느 날 특별한 그림을 그려달라는 의뢰를 받았습니다. 신성한 사랑을 다양한 모습으로 담아서 그려달라는 부탁이었습니다. 옆마을에 사는 부유한 가문의 흥미로운 의뢰에 그는 최선을 다하고 싶었습니다. 영감을 얻기 위해 의뢰한 가문을 직접 방문해서 그 가문에 대해 많은 것을 알아보기로 마음먹었습니다. 그렇게 그는 마침내 릴리를 만나게 되었습니다. 그림을 의뢰한 사람이 바로 릴리였던 것입니다. 그 순간 두 사람의 모든 것이 바뀌었습니다.

릴리는 종종 예전에 아버지가 영혼의 반려자에 대해서 해준 말을 떠올리곤 했습니다. 구혼자는 많았지만 그녀의 마음을 설레게 한 사람은 없었습니다. 마음이 설레는 날이 과연 오기는 할까 싶었지만 현재의 삶에 만족했기에 그 생각을 마음 한편에 묻어두고만 있었습니다. 그러다 마침내 운명의 그날이 찾아온 것입니다.

처음 두 사람의 눈이 마주친 순간 아주 특별한 일이 일어났습니다. 마음과 영혼의 만남으로 인하여 내면에서 일어난 동요가 정말로 그녀의 마음을 설레게 했습니다. 대화를 나누면 나눌수록 그녀가 그동안 애타게 찾던 사람이 바로 이 남자라는 생각이 분명해졌고, 이는 남자도 마찬가지였습니다.

이후 두 사람은 잠자는 시간을 제외하고 거의 모든 시간을 함께 보냈습니다. 남자는 릴리 가까이에서 영감을 받으며 릴리의 정원에서 그림을 그렸습니다.

드디어 완성작을 공개할 날이 되었습니다. 가족과 친구들은 물론, 제자의 의뢰작을 보려고 스승까지 한자리에 모였습니다. 베일을 벗기자 여기저기서 탄성이 터져 나왔습니다. 그림은 대작이었습니다. 열 개의 컵이 둥근 무지개 속에 놓여 있고, 그 무지개 아래에서 놀고 있는 아이들을 보며 흐뭇해하는 한 커플이 그려진 그림이었습니다. 이 그림은 화목한 가족부터 릴리와 청년이 서로에게서 발견한 신성한 사랑까지, 그야말로 사랑의 힘을 정확하게 표현했습니다.

여기서 놀라운 비밀이 드러났습니다. 청년의 재능을 키워준 화가가 여기 온 데에는 또 다른 이유가 있었습니다. 사실 그는 오랫동안 그 가족의 삶을 지켜보며 관심을 가져왔고, 릴리가 돌아온 지금 자신이 릴리의 친부라는 사실을 밝힐 수 있었습니다. 부녀의 재회로 가족이 완성되면서 그들 사이에 또 하나의 사랑이 자유로이 흐르게 되었습니다.

컵 페이지 PAGE OF CUPS

주제 : 호기심 많은 아이, 몽상가, 영성, 영적 재능

다음 해 봄에 릴리는 가족과 친아버지가 지켜보는 가운데 청년과 결혼했고, 다다음 해 여름에 첫 아이를 낳았습니다. 검은 머리의 아름다운 남자아이는 부부가 만들어낸 최고의 걸작이 될 터였습니다. 아이는 여름하늘 빛 눈동자 속에 세상에 열린 마음과 끝없는 호기심을 품고 있었습니다. 이 아이에게는 세상 만물이 흥미로웠고, 모든 날이 새로운 모험이었습니다.

릴리는 곧 아들의 눈을 통해 바라본 세상이 얼마나 다르게 보이는지를 알게 되었습니다. 신비한 능력을 타고난 아이는 가려진 너머를 볼 수 있었고 제 나이에 비해 지혜로웠습니다. 아이는 설명할 수 없는 것들을 본능적으로 알았고, 아직 일어나지 않은 일을 예언하듯 말하면 그 뒤에 실제로 그 일이 일어나고는 했습니다. 섬세한 면도 있어서 다른 이들의 마음을 누구보다 잘 헤아릴 줄 알았습니다.

아주 어린 나이에도 어떤 방에 들어서기만 하면 그 방의 분위기를 읽어내곤 했습니다. 또한 사람들의 기운에 이끌리기도 해서 누군가 포옹을 필요로 하면 그 사람에게 다가가 안아주었습니다. 릴리는 아들의 타고난 이런 공감 능력에 몹시 감탄했습니다.

"저 아이는 특별해요. 저 아이에게는 재능이 있어요."

"맞아요, 재능이 많지요." 남편이 맞장구를 쳤습니다. "게다가 아직 시작 단계고요. 저 아이에게서 정말 훌륭한 점이 많이 보여요. 옛시절의 나처럼 꿈꾸는 아이예요."

소년이 된 아이의 머릿속에는 아이디어와 열망이 가득했습니다. 특히 소년은 모든 것을 배우고 싶어 했습니다. 어디를 가나 질문을 했고, 지식인의 사고방식을 탐구하면서 답을 얻으려 했습니다. 선조들이 무엇을 믿었는지 더 잘 이해하고 싶어서 릴리에게 교회와 유대교 회당, 성당과 장지로 데려가 달라고 하기도 했습니다. 아이는 서재에 있는 책을 정독하며 몇 시간씩 보냈고 고대 서적도 일부 탐독했습니다. 공부하지 않을 때는 지식에 대한 갈증을 해소하기 위해 새로운 장소와 얼굴을 찾아 돌아다니곤 했습니다.

릴리는 자신의 아들을 기적 그 자체라고 경탄하며, 아버지에게 배웠던 것들을 아들에게도 가르쳤습니다. 남편 또한 아들에게 그림을 그리고 채색하는 법을 가르쳐주었고, 세상을 관찰한 뒤 자신만의 방식으로 그것에 반응하는 법을 알려주었습니다. 그래서 아이가 어둠 속의 얼굴부터 마시고 있던 컵 속의 말하는 물고기까지 남들은 보지 못한 것을 보았다고 해도 놀라지 않았습니다. 아이에게는 남들이 보지 못하는 것을 보는 능력이 있었습니다.

릴리의 아들은 세상이 어떻게 돌아가는지 궁금해하면서도 결코 동심을 잃지 않았습니다. 아이에게 인생은 마법이었고, 아이는 그런 인생을 매 순간 사랑했습니다.

컵 나이트 KNIGHT OF CUPS

주제 : 로맨스, 매력, 마음 가는 대로 행동하기, 용감하고 예의 바른 신사

릴리의 아들은 자라서 번듯하고 똑똑한 남자가 되었습니다. 숲처럼 짙은 곱슬머리에 사파이어 빛 푸른색 눈에는 광채가 가득한 잘생긴 얼굴이었습니다. 마을 사람들에게 인기도 많아서 '백마 탄 왕자님'이라고 불렸는데, 이는 단순히 외모 때문만은 아니었습니다. 다정하고 친절했을 뿐만 아니라 기사도적인 행동으로도 유명했기 때문입니다. 많은 숙녀들이 그의 마음을 얻으려 애썼지만 그 누구도

그의 마음에 불을 지피지는 못했습니다. 어머니 릴리와 마찬가지로 그도 무언가 특별한, 그의 마음을 설레게 할 누군가를 기다리고 있었기 때문입니다.

어느 아름다운 봄날 아침, 그는 좋은 갑옷을 입고 가방을 꾸려 여행 떠나는 날을 맞이했습니다. 지금 있는 곳에서는 찾을 수 없었던 인생의 목적과 진정한 사랑을 찾으러 가기 위해서였습니다.

"저 애를 보내줍시다." 릴리의 남편이 그녀의 어깨에 손을 얹으며 말했습니다. "우리가 딱 저 나이 때 했던 일을 하려는 거예요. 혼자 나가서 본인에게 꼭 맞는 길을 찾아야죠."

릴리도 고개를 끄덕였습니다. "맞아요, 나도 당신도 마음이 가는 대로 한 덕에 우리가 만난 거니까요. 사랑은 모든 걸 열 수 있는 열쇠 잖아요."

은회색 말에 올라탄 아들에게 릴리는 같은 마음을 전했습니다.

"조심히 나아가거라, 아들아. 그리고 늘 마음이 가리키는 길을 따라야 한다. 너는 이제 기사로서 네 인생의 새로운 장을 당당히 맞이해야 한단다."

기사는 익숙했던 모든 것들을 떠나 미지의 세계로 향했습니다. 경주가 아니었기에 서두르지 않고 한결같은 속도로 말을 몰았습니다. 그저 매 순간을 즐기고 싶었습니다. 그는 왕국을 가로질러 이웃나라로 이어지는 강으로 방향을 잡았습니다. 물줄기의 흐름을 따라 천천히 나아갔습니다. 가슴이 벅차오르고 기대감이 넘쳐났습니다.

몇 주, 몇 달을 여행하는 동안 우연히 맞닥뜨린 수많은 만남 중에서 그의 마음을 매우 설레게 한 이가 한 명 있었습니다. 그를 본 순간 그녀 역시 그에게 마음을 빼앗겼습니다. 하지만 이 아름다운 소녀에게 겉모습만으로는 알 수 없는 비밀이 있다는 것을 기사는 알지 못했습니다. 사실 그녀는 어느 왕국의 여왕으로, 많은 남자들이 그녀의 마음을 얻으려 애썼지만 그녀의 진정한 가치와 내면에서만 빛을 발하는 보물을 알아본 이는 없었습니다. 그래서 그녀는 여왕의 의복을 벗어버리고 위험을 무릅쓴 채 직접 거리로 나와 백성으로 위장하여 돌아다니던 중, 그를 만나 사랑에 빠진 것입니다.

기사는 그녀의 진짜 신분도 모른 채 자신의 애정을 숨김없이 드러냈습니다. 마침내 진실이 드러났을 때에도 달라진 것은 없었습니다. 그는 황금잔에서 흘러나오는 물처럼 그의 사랑을 아낌없이 쏟아냈습니다.

컵 퀸 QUEEN OF CUPS

주제 : 배려심 많고 자비로운 여자, 사랑의 감정, 친절

여왕의 왕국은 바닷가에 있었습니다. 다정하고 세심한 지도자로서 결정을 내릴 때마다 깊고 진지하게 생각하는 그녀는 기사의 청혼에도 마찬가지로 행동했습니다. 기사를 사랑하기는 하지만, 여왕은 늘 백성들에게 최선인 쪽을 택해야 하니까요. 하지만 다행스럽게도 이 남자는 본질적으로 선한 사람이었습니다. 또한 자신과 마찬가지로 타인의 감정에 섬세하게 공감할 줄 아는 이였습니다. 그렇게 두

사람은 왕국 전체와 함께할 성대한 예식을 거행하기로 했습니다. 여왕의 결혼식이 어마어마할 것이라는 소식은 금세 퍼져나갔고, 이내 릴리에게도 아들의 약혼 소식이 전해졌습니다.

"가서 우리 아들의 신부 될 사람도 보고 두 팔 벌려 가족으로 맞아들여야지요." 릴리의 제안에 남편도 동의했습니다.

부부는 짐을 꾸려 한 번 더 여행을 떠났습니다. 이번에는 예전과 다르게 함께였습니다. 기사가 먼저 그랬듯 강가를 따라 천천히 함께하는 여행을 즐기며, 감정의 흐름에 몸을 맡기고 옆에서 흐르는 강물이 여왕의 왕국으로 인도하도록 내버려두었습니다.

여왕은 부부의 방문이 너무도 반가워 감정이 북받쳤습니다. 화려한 컵을 들어 올리며 따뜻한 목소리로 말했습니다.

"두 분께서 제게 아드님이라는 큰 선물을 주셨습니다. 그이는 온 마음이 진실된 신사, 그동안 제가 찾던 바로 그 사람입니다. 보답으로 저도 두 분께 선물을 드리고 싶습니다. 제게 특별한 것으로요."

여왕은 애정 어린 눈길로 손에 쥐고 있던 컵을 건넸습니다.

"이건 제 사랑의 상징이자, 필요한 답은 늘 내면에서 찾는다는 뜻으로 봉인된 성배이기도 해요. 저는 언제나 제 감정을 믿고 마음을 따릅니다. 이 컵이 두 분께 커다란 기쁨을 가져다주길 바랍니다."

릴리는 여왕에게 귀한 선물에 대한 감사의 뜻을 전했고, 두 사람은 이후 오랫동안 사랑의 힘에 대한 이야기를 나누며 마음속 생각들을 나누었습니다.

"저는 언제나 사랑에 이끌려 살아왔어요." 릴리가 부드럽게 말했습니다. "사랑은 단 하나의 진실한 감정이자 아버지가 제게 가르쳐준 감정입니다. 아버지는 매 순간이 사랑을 주고받을 기회라고 말씀하셨어요. 단 한 순간에 인생이 영영 바뀔 수 있다고요.”

여왕이 미소를 지었습니다. “우리의 남은 생을 이루는 건 바로 그런 순간들이지요. 그렇기에 우리는 모든 순간을 최대한 소중히 살아야 하는 거고요.”

그들은 함께 컵을 높이 쳐들었습니다. “수많은 모습으로 존재하는 모든 사랑을 위하여!”

컵 킹 KING OF CUPS

주제 : 연민, 균형, 평온, 배려심 많은 사람

　여왕과 기사의 결혼식은 사랑을 완벽하게 축하한 자리였습니다. 성대하면서도 친밀감 있고 진심 어린 결혼식이었습니다. 흥겨운 예식 자리에는 노랫소리와 웃음소리가 끊이지 않았습니다. 거리는 리본과 꽃으로 장식되었고 테이블에는 산해진미가 그득했습니다. 아이들은 왕과 왕비 역할 놀이에 빠져 복도를 거닐었습니다. 초저녁이 되자 마을 사람들은 광장에 모여 새로운 왕에게 갈채를 보냈고, 그

후에는 파티가 열렸습니다. 밴드의 연주에 맞추어 사람들은 밤늦게 까지 춤을 추었습니다.

릴리와 남편은 예식을 끝까지 지켜보았습니다. 흠 잡을 데 없이 완벽한 날이었지만, 릴리를 키워준 아버지가 그 자리에 함께하지 못한 것이 그녀의 유일한 슬픔이었습니다. 아버지도 분명 두 사람을 자랑스러워하셨을 텐데. 그래도 릴리의 친아버지가 참석해서 함께 축하해주었다는 사실에 그녀는 더없이 기뻤습니다.

왕이 된 릴리의 아들은 왕좌에 앉아 심호흡을 하면서 오늘 일어난 일들을 차분히 생각했습니다. 공식 알현실에 있는 그의 자리에서는 바다와 수평선이 완벽하게 내려다보였습니다. 그는 파도가 밀려왔다가 밀려가는 것을 지켜보았습니다. 썰물과 밀물이 마음속에서 하나의 패턴이 되자 그는 그 느긋한 리듬에 맞춰 숨을 쉬었습니다. 진정한 평화가 느껴졌습니다. 수면에 몇 차례 잔물결이 일더니 물고기 한 마리가 튀어나왔다가 들어갔습니다. 그 광경에 인생은 놀라움으로 가득하고, 앞으로도 어떤 일이 벌어질지 절대 알 수 없겠다는 생각이 들면서 미소가 지어졌습니다.

문득 그는 자신이 물이라는 원소에 얼마나 마음이 끌렸는지, 물이 지금까지 그의 삶에 어떤 역할을 해왔는지 깨달았습니다. 목적지도 없이 처음 집을 떠났을 때 강이 그를 이끌어주었습니다. 그는 굽이치는 강줄기를 따라 걸으며 긴 여정을 이어갔고, 마침내 그 끝에서 진정한 사랑을 만났습니다. 뿐만 아니라 물은 갓난아기 때 갈대숲에 버려진 어머니를 안전하게 지켜주기도 했고, 할아버지를 어머니 곁으로 불러들여 두 사람 모두에게 사랑할 대상을 주었습니다.

왕은 이제 알았습니다. 감정은 물과 같아서 흐르지 못하게 막을 수 없는 것이었습니다. 감정이 흘러가게 두고 그냥 솔직히 표현하는 것이 낫지만, 그래도 감성과 이성 사이의 균형을 찾아야 한다는 것 또한 깨우쳤습니다. 그는 왕이라는 새로운 역할을 맡아 자비로운 지도자이자 여왕에게 믿음직한 친구가 되어야 합니다. 충직하고 든든한 남편이자 길잡이가 되어주기로 맹세한 지금, 그것은 그에게 인생에서 단 하나의 사명이 되었습니다.

시계가 자정을 알리고 사방이 고요해진 지금, 왕은 명상에 잠겼습니다. 만족감과 사랑에 충만한 그는 복된 삶에, 부모님의 사랑에, 또한 자신과 여왕을 이어준 사랑에 감사했습니다. 마지막으로 백성들의 사랑, 아름다운 여왕에게도 감사의 마음을 바쳤습니다. 바로 그 순간, 그의 컵은 기쁨으로 넘쳐났습니다.

완드 슈트

The Suit of Wands

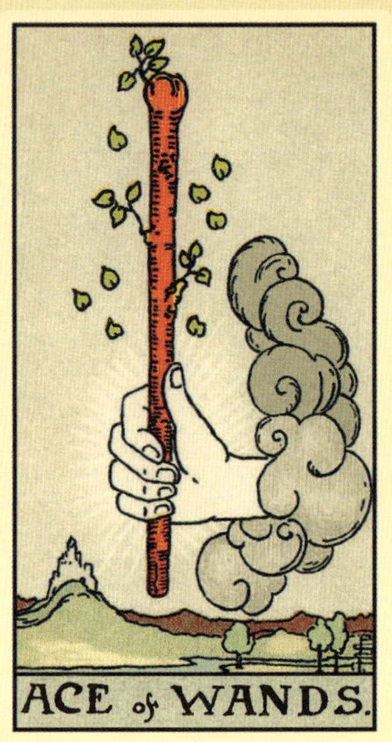

완드 에이스 ACE OF WANDS

주제 : 영감, 새로운 기회와 아이디어, 성장, 창의력

옛날 옛적, 아직 아무도 떠올리지 못한 아이디어의 씨앗이 있었습니다. 그 아이디어는 모습도, 색깔이나 움직임도, 다른 아이디어와 구별되는 그 어떤 점도 가지고 있지 않았습니다. 그저 다른 왕국의 어딘가에 존재하기만 할 뿐이었습니다. 그 어딘가도 짐작만 할 뿐 아무도 모릅니다. 진정한 영감이 어디서 오는지 우리가 어떻게 알 수 있겠어요? 그 점을 깊이 생각하면서 영감이 우리에게 어떻게 찾

아오는지 함께 떠올려보세요.

영감이란 불꽃, 폭발하는 빛, 아니면 그저 우리의 뇌를 채우는 직관적인 느낌인 걸까요? 어쩌면 당신은 다채로운 색채에서 영감을 보는 사람일지 모릅니다. 혹은 사물이 어떻게 변할지 그 가능성을 보는 눈을 지닌 사람일지 모릅니다. 사실 아이디어는 그 아이디어를 떠올린 사람만큼이나 독특한 법입니다. 이제 이야기 속 아이디어로 들어가봅시다.

그 아이디어는 이름을 밝혀선 안 되는 어딘가에 홀로 머물러 있습니다. 누군가 그것을 포착해 현실로 만들어줄 탄생의 순간을 기다리면서요. 얼마나 기다려야 할지 모르겠지만 이곳에서의 시간은 지구와는 다르게 흐릅니다. 손이라도 있었다면 아마 손가락을 꼼지락거리며 기다렸을 테지만, 아이디어는 달리 할 일도 없었습니다. 대신 아이디어는 희망을 배웠습니다. 아이디어는 포기하지도, 지루함에 굴복하지도 않으니까요. 이 아이디어도 예외가 아니었기에 마침내 상상을 하기 시작했습니다.

아이디어는 누군가의 마음속에 불을 밝히는 순간을 상상합니다. 그 사람을 앞으로 나아가게 하고, 새로운 출발점이 되며, 인생을 바꿀 계획이 되어줍니다. 그것은 점점 부풀어 올라 길게 뻗어나가 급기야 별을 따려고 하지요. 앞으로 무엇이 될지 그려볼수록 더 강해지고 커지다가 형체 없는 생각에 불과하던 그것이 마침내 또렷한 목표를 지닌 화살처럼 당당해집니다. 설렘이 아이디어를 휘감으면 땅을 뚫고 나오는 새순처럼 화살도 무럭무럭 자랍니다.

그 아이디어는 계속 힘차게 뻗어나가 마침내 지팡이가 됩니다. 올바른 손에 쥐어지면 힘을 발휘하는 강력한 도구로, 그 존재를 깨닫게 되는 것이 바로 이때입니다.

당신이 모르는 것은 이 지팡이가 특별하다는 사실입니다. 지팡이는 튼튼해서 영감의 불꽃도 실어 나를 수 있습니다. 무엇보다 처음 등장한 에이스로서 앞으로 다가올 일들을 예고합니다. 그것은 단순히 하나의 생각에 불과한 것이 아니라, 원하는 것은 무엇이든 만들어내는 잠재력입니다. 당신은 그 지팡이를 집어 들고 마법을 부리기만 하면 됩니다. 그리고 바로 그것이 이번 이야기 속 주인공이 하게 될 일입니다. 그는 아이디어의 씨앗을 가져다가 단 하나뿐인 자신의 이야기로 바꿔놓을 것입니다.

완드 2번 TWO OF WANDS

주제 : 장래 예측, 발견, 결정, 자신감

윌리엄이라는 남자가 번뜩이는 아이디어를 가지고 잠에서 깨어 났습니다. 아이디어는 깜빡거리는 작은 불꽃처럼 내면에서부터 그를 환히 밝혀주었습니다. 길지 않은 인생에서 난생처음 진정한 영감을 느낀 그는 온몸에 힘이 솟는 듯한 에너지로 넘쳐났습니다.

사실 그전까지의 인생은 좀 지루하게 느껴졌습니다. 새로운 기회도 드물었고 모두들 그가 가업을 이어받을 것이라고만 기대하고 있

없습니다. 그 가업이란 조각용 도구와 공예용 도구를 만들어서 시장에 내다 파는 것이었는데, 그는 목재 다루는 솜씨를 물려받기는 했지만 도구 제작에는 딱히 열정을 느끼지 못했습니다. 그는 다른 더 많은 것을 원했지만 그날 아침까지는 '더 많은 것'이 무엇일지 도통 감을 잡지 못하고 있었습니다. 그러나 아이디어의 싹이 머릿속에서 자리를 잡자 윌리엄은 확신했습니다. 이제는 계획을 세우고 장래를 준비하여 더 크고 야심찬 포부를 품을 때였습니다. 마음속에는 자신이 만들고 싶은 것이 선명하게 펼쳐졌습니다.

윌리엄은 다른 나라에 대한 이야기를 들은 적이 있었습니다. 도구가 힘을 가지고 있고, 도구 하나하나가 진귀하며, 마음속 바람을 발현하는 데 쓸 수 있는 에너지가 도구에 깃들어 있다는 것입니다. 그는 더욱 많은 것을 알고 싶고, 이미 알고 있는 지식과 새로운 지식을 결합하고 싶었습니다. 그 결과물은 세상을 바꾸고 사람들을 화합시키는 요술봉 같은 도구가 되리라 믿었습니다.

이를 위해 윌리엄은 최대한 많은 것을 배우고 다른 의견과 조언에 귀 기울이며 전체 과정을 단계별로 세심하게 계획해야 했습니다. 지팡이를 만드는 일은 그에게 너무 쉬운 일이었지만, 다른 요소들에는 도움이 필요했습니다. 머릿속에서는 이미 수많은 동맹이 맺어지고 있었고, 자신의 계획이 승승장구하여 왕국 전역에 퍼지는 모습까지 그려졌습니다. 그의 발명품이 어마어마한 인기를 끌면 세상에서 그의 이름도 유명해질 것입니다. 그렇게 되면 그는 세상을 손아귀에 쥐게 되는 것이었습니다!

윌리엄은 한숨을 쉬었습니다. 또렷하게 보이는 미래를 그냥 마음속에서만 계획하는 것을 넘어 이제는 성공을 향해 조심스럽게 첫걸음을 내디뎌야 할 때, 익숙한 것들로부터 벗어나 새로운 목표에 매진해야 할 때였습니다. 안정적인 가업을 버리고 집을 떠난다는 게 쉽지 않다는 건 그도 내심 알고 있었습니다. 가볍게 내린 결정이 아닌 만큼, 반드시 해내야만 했습니다.

미래가 그를 부르고 있었습니다. 아이디어는 무럭무럭 자라는 중이었습니다. 보장된 성공이 저 밖에 있으니 그것을 잡으려면 믿음을 가지고 뛰어들어야 했습니다.

완드 3번 THREE OF WANDS

주제 : 확장, 여행, 진전, 자기 믿음

　자신의 기술을 뽐내기 위해 가장 좋은 주목나무로 만든 지팡이 세 개를 들고, 윌리엄은 모든 것을 뒤로한 채 붉은색 긴 로브를 입고 세상 밖으로 나왔습니다. 해안가로 가보니 그곳에서는 모든 것이 다 보였습니다. 멀리 보이는 경치가 텅 빈 캔버스 같아서 거기에 새로운 무언가를 그릴 수 있을 것 같았습니다. 그는 가슴속에 설렘이 차오르는 것을 느꼈습니다. 지금이야말로 시야를 넓혀 다른 문화를 발견하고 최대한 많은 것을 배울 때였기에, 위험을 무릅쓰고 더 먼 곳으로 나아가야 했습니다.

누군가는 이런 일 자체가 벅차게 느껴질 수 있습니다. 윌리엄도 먼 곳으로 가본 적이 없었지만 오로지 아이디어가 그를 앞으로 나아가게 했습니다. 그의 계획이 결실을 맺으려면 자기 자신을 믿고 헌신하는 과정이 필요했습니다.

간신히 모은 얼마 안 되는 돈을 내고 나머지 승선비는 일을 해서 충당하겠다는 제안으로 배에 올라탔습니다. 그 배의 목적지도 몰랐습니다. 그저 세계 곳곳으로, 이름도 들어본 적 없는 왕국에도 간다는 것만 알았습니다. 마음 약한 사람이라면 감히 나설 수 없는 험난한 여정이었지만, 윌리엄은 각오가 되어 있었습니다.

항해는 위험하긴 했지만 그만큼 해방감도 주었습니다. 윌리엄의 자기 확신이 커질수록 지식도 늘었습니다. 그는 별을 보고 항해하는 법, 배를 조종하고 조류를 활용하는 법을 배웠습니다. 그리고 승선을 돕고 자기 몫을 하는 등 적극적인 선원이 되었습니다. 절친한 벗도 사귀고, 그의 겸손함과 학구열을 응원하는 이들도 생겼습니다. 무엇보다도 그는 남을 이끌고 타인에게 신뢰감을 주는 법을 배웠습니다.

윌리엄은 전 세계를 다니며 여러 이야기를 듣고 전통문화를 배우며 지혜를 쌓았습니다. 들르는 항구마다 얻을 것이 있었고, 만나는 사람마다 나눌 것이 있었습니다. 기술이든 거래든 그의 지팡이에 담을 아주 약간의 마법이든, 윌리엄은 감사한 마음으로 받아들였습니다. 그것이 유일무이한 어떤 것을 만들어내고자 하는 목표에 도움이 될 것임을 알고 있었기 때문입니다.

오랜 시간이 흘러 이윽고 여정의 끝에 다다른 윌리엄은 다른 사람이 되어 있었습니다. 처음 갑판을 밟았던 희망에 찬 소년은 이제 본인만의 포부를 실현할 열정과 지식을 갖춘 어엿한 사나이가 되어 있었습니다.

완드 4번 FOUR OF WANDS

주제 : 귀향, 축하, 조화, 공동체

윌리엄은 마침내 집에 돌아왔습니다. 여행이 즐겁기는 했지만 1년도 넘게 타지 생활을 했기 때문에 가족이 몹시 그리웠습니다. 낯익은 바닷가와 모래사장을 보는 것만으로 행복에 겨웠습니다. 여러 장신구와 보물, 선물을 잔뜩 들고 그가 살던 마을로 이어지는 길에 들어섰습니다. 멀리서 음악 소리와 흥겨움에 높아진 노랫소리가 들려왔습니다.

'생일잔치나 결혼 피로연이 열리고 있는 모양이군.'

작은 광장에 가까워지면서 윌리엄은 생각했습니다. 특별한 날을 기념하여 마을 사람들이 모여서 화목을 다지고 공동체 의식도 기르는 것이 마을의 전통이었기 때문입니다. 느릿느릿 언덕 꼭대기에 오르자 저 앞에 성과 광장이 또렷이 보였습니다. 광장에는 화환과 포도주가 넉넉하게 깔려 있었습니다. 무슨 일인지 몰라도 대단한 일인 것이 분명했습니다.

"저기 온다!" 어떤 목소리가 외치자 더욱 목청을 높인 목소리들이 잇따랐습니다. 삼삼오오 모여 있는 사람들 중에는 폴짝폴짝 뛰면서 손을 흔드는 이들도 있었습니다.

한몸에 관심받고 있는 대상이 자신이라는 걸 깨닫기까지 시간이 조금 걸렸습니다. 군중 속에서 누군가가 그에게 달려왔습니다. 두 팔을 활짝 벌린 어머니와 흐뭇한 미소를 짓고 있는 아버지였습니다.

"얘야, 네가 집에 돌아와서 얼마나 좋은지 모르겠구나."

"제가 오늘 온다는 걸 어떻게 아셨어요?" 깜짝 놀란 윌리엄이 물었습니다.

"어제 배가 해안 가까이 오고 있다는 소식을 듣고 네가 그 배에 타고 있었으면 하고 바랐지."

"이렇게 와주었구나." 어머니가 윌리엄을 토닥이며 말했습니다. "우리 아들 좀 봐요! 떠날 땐 애였는데 이제 어른이 다 되었네."

윌리엄은 미소를 지었습니다. 그가 진심으로 사랑하는 유일한 곳, 집에 돌아오니 기분이 좋았습니다. 가족과 친구들에게 열렬한 환영을 받으니 든든한 온기가 온몸을 휘감았습니다.

"네가 돌아온 걸 축하하자꾸나!" 아버지가 자랑스레 말하자 모두 들 환호했습니다.

그들은 한밤중까지 웃으며 이야기를 나눴습니다. 진수성찬에 가무가 더해져 파티는 끝없이 이어질 것만 같았습니다. 사람들에게 인정받고 흥겨운 상봉도 좋았지만 윌리엄에게는 해야 할 일이 있었습니다. 지금으로서는 그의 계획에 활기를 불어넣는 데 필요한 모든 것이 갖추어져 있었습니다. 나머지 마을 사람들도 이 일의 가능성을 알아보고 함께 힘을 보태주기를 바랐습니다.

완드 5번 FIVE OF WANDS

주제 : 불화, 갈등, 반대, 혼돈

지팡이 제작 사업이 제대로 자리잡으려면 윌리엄에게는 마을 사람들의 협력이 꼭 필요했습니다. 그의 원대한 계획을 널리 알리는데 마을 사람들의 도움이 절실했기에, 이 점을 염두에 두고 마을에서 가장 현명한 이들을 모아 회의를 열었습니다. 그들에게 지팡이로 무엇을 할 수 있는지 보여주면 그 힘에 놀라 입이 떡 벌어질 것이 틀림없었습니다.

그는 오랜 세월 신성한 지식을 쌓아 나무에 마법의 의지를 불어넣는 법을 터득하게 되었습니다. 그 지팡이는 손짓 한 번과 정확한 말만 있으면 어떤 주문이든 걸 수 있었습니다. 여행을 통해 얻은 지혜 덕분에 그는 치유하거나 도움을 주고 위대한 일을 이루어내는 지팡이를 만들 수 있게 되었습니다. 그는 다른 나라에서 본 상징과 패턴을 빌려와 하나하나 다르게 장식하여 지팡이를 유일무이한 물건으로 만드는 것도 고안했습니다. 잔뜩 들뜬 윌리엄은 회의에 모인 사람들에게 어서 자신이 만든 것을 보여주고 싶어 안달이 났습니다.

사실 마을 사람들은 요술 같은 걸 전혀 기대하지 않았습니다. 윌리엄에게 대단한 아이디어가 있다는 건 알고 있었지만, 단순히 여행 중에 얻은 유물과 장신구 같은 것을 팔자고 할 줄로만 알았습니다.

"지팡이라고?" 한 명이 고함치듯 말했습니다. "난 흑마술 같은 건 반대야!"

"하지만 이 지팡이들로 무엇을 할 수 있는지 좀 봐주세요. 이로운 일에 쓸 수 있다고요."

"그래봐야 막대기잖아! 우리더러 그걸로 대체 뭘 하라는 거야?"

"많은 걸 할 수 있어요. 제발 저에게 설명할 기회를 주세요."

마을 사람들은 시큰둥한 반응을 보이며 오히려 그 아이디어에 반대하고 나섰습니다.

윌리엄은 이런 반발이 있을 거라고는 전혀 예상하지 못했습니다. 마을 사람들을 진정시키고 이야기를 들려주려 최선을 다했지만 그들은 그의 말을 귓등으로도 듣지 않았습니다. 모두가 자기 말만 하며 목청을 높이는 통에 아무 진전이 없자 윌리엄은 맥이 탁 풀렸습니다.

"제발, 잠깐 지팡이를 손에 쥐고 감촉을 한번 느껴보세요."

윌리엄은 마지막으로 관심을 불러일으키려 했지만 마을 사람들은 화가 머리끝까지 나서는 지팡이를 높이 치켜들고 서로에게 흔들어대기만 했습니다. 이내 모인 이들 모두가 스스로 만든 다툼 속에 갇혀버린 듯했습니다.

윌리엄은 절망에 빠져 고개를 절레절레 저으면서 그가 정성을 다해 만든 지팡이가 무기로 쓰여 허공에 휘둘려지는 광경을 보았습니다. 이것은 원하던 바가 아니었습니다. 그의 꿈은 어느 때보다 그에게서 멀어진 듯 보였습니다.

완드 6번 SIX OF WANDS

주제 : 성공, 발전, 승리, 열중

혼란스러운 와중에 윌리엄의 머릿속에서 꽃을 피웠던 아이디어가 다시 고개를 들었습니다. 깊게 숨을 들이마시자 가슴속에서 작은 불씨가 다시 타올랐습니다. 그 아이디어가 모든 것을 장악한 듯 눈앞에서 벌어지고 있는 난장판이 더 이상 눈에 들어오지 않았습니다. 윌리엄은 그 아이디어가 어째서 그렇게 중요했는지를 기억해냈습니다. 여행 중 배웠던 지식이야말로 자신이 성공할 수 있는 비결임을 떠올렸습니다. 그리고 자신의 사명과 지팡이가 왜 그렇게 특별했는지를 기억해내자, 이제 어떻게 해야 할지 알았습니다.

윌리엄은 지팡이를 하늘 높이 쳐들고 소원을 빌었습니다. 그는 말을 되뇌다가, 이내 온 힘을 다해 소리내어 외쳤습니다. 말의 힘이 지팡이의 마법과 섞이는 것이 느껴지자 전율이 일었습니다. 소원이 담긴 에너지가 갑자기 분출되자 작은 폭발과 함께 허공에서 쉬익쉬익하는 소리가 나더니 사방이 온통 고요해졌습니다. 윌리엄도 자신의 주문이 통했는지 확신할 수 없었습니다. 그러나 이내 사람들이 하나둘씩 무기를 내려놓고 서로를 껴안기 시작했습니다. 우정 어린 말들이 오가며 분위기가 차분해졌습니다. 분노에 일그러진 얼굴들은 온데간데없이 사라지고 미소 띤 얼굴만이 그 자리를 메웠습니다. 다들 악수하며 사과를 주고받았습니다.

"방금 무슨 일이 있었던 거지?" 한 사람이 주위를 두리번거리며 말했습니다.

윌리엄이 환한 미소를 지으며 말했습니다. "일종의 치유 같은 것이었습니다. 그저 이걸로 소원을 빌었을 뿐이에요." 그가 지팡이를 건네자 남자가 머뭇거리며 지팡이를 살펴보았습니다.

"이 막대기가 그렇게 좋은 일을 할 수 있다고?"

"네. 제가 여태까지 여러분께 말씀드리려던 거였어요. 이 지팡이는 나쁜 쪽으로는 쓸 수 없습니다. 대신 희망과 치유를 가져다줍니다. 우리가 제대로 쓰기만 하면 좋은 일을 하는 데 도움을 받을 수 있을 겁니다."

사람들은 마침내 진실을 깨달았다는 듯 천천히 고개를 끄덕였습니다.

"그러니까 바로 이것이 네가 세상을 더 살기 좋은 곳으로 만들고 싶다던 그것인 게냐?"

"네, 그렇습니다. 이 지팡이의 도움을 받아서 만물을 지금보다 더 이롭게 하는 것이 제 꿈입니다."

그렇게 현명한 사람들은 윌리엄의 아이디어에 귀를 기울였습니다. 이런저런 질문을 한 뒤 자발적으로 돕겠다고 나섰습니다. 윌리엄의 계획을 열정적으로 받아들였고, 그들의 판단력을 흐리게 만들었던 부정적인 생각이 있던 자리에는 희망과 자신감이 들어섰습니다.

열렬히 응원하는 사람들이 합류하는 것으로 회의가 끝나자 윌리엄은 성공을 확신했습니다. 승리의 기쁨에 젖은 윌리엄은 자신의 흰 말을 타고 달려나가 나머지 마을 사람들을 만나서 그들과 이 기쁨을 나눴습니다.

완드 7번 SEVEN OF WANDS

주제 : 난관, 경쟁, 장애물, 보호책

그 후 윌리엄과 믿음직한 지지자들로 이루어진 팀은 몇 달에 걸쳐 열심히 일하여 그 계획을 성공으로 이끌었고, 소문이 퍼지면서 새로운 주문이 쇄도했습니다. 그의 지팡이는 외관이 아름다울 뿐만 아니라 그 힘으로 행할 수 있는 일들과 사람들에게 안겨줄 수 있는 행복 때문에도 빛났습니다.

다른 사람들도 이 지팡이를 따라하고 싶은 마음이 드는 건 당연했습니다. 일곱 개 왕국 출신의 목수들도 성공해보겠다고 지팡이 제작에 착수했고, 타고난 재주를 지닌 이들도 도전했지만 대개는 고전을 면치 못했습니다. 그들에게는 윌리엄만큼의 지식이나 열정이 없었기 때문입니다.

한때 그의 기발한 발상을 찬탄하던 사람들이 시샘과 불만에 사로잡혔습니다. 그처럼 성공하길 간절히 바랐지만, 아무리 애써도 뜻대로 되지 않는 이유를 몰랐기 때문입니다. 그래서 윌리엄에게 대들거나 주변에 유언비어를 퍼뜨려 그의 명성을 더럽히고 훼방을 놓으면서 시비를 걸었습니다. 그들은 온갖 수단을 동원해 윌리엄을 방해했습니다.

윌리엄은 이런 일이 벌어질 것을 짐작하고 있었습니다. 사업이 커지면 유사한 업종에 속한 사람들의 시기와 증오를 받기 쉽지요. 어려움이 닥칠 건 각오하고 있었지만, 막상 현실은 끊임없는 협상과 타협의 연속이었습니다. 그는 늘 구매자와 판매자 사이에서 중재해야 했고, 자신의 명예와 평판을 지키는 데에만 점차 익숙해졌습니다. 결국 윌리엄은 이 시기를 타개할 방도를 찾고 모두를 만족시키면서 자신의 사업도 보호할 방법을 찾아야겠다는 생각이 들었습니다. 어떻게 해야 그것이 가능할까요?

그때 손에 쥐어진 지팡이를 보면서 답은 내내 거기에 있었다는 사실을 깨달았습니다. 이 도구를 만든 사람도, 이 도구로 마법을 부릴 수 있는 사람도 자기 자신이었습니다. 치유의 마법을 퍼뜨려 현재 직면하고 있는 장애물을 뛰어넘기만 하면 되었습니다. 그는 자기 확신과 소통의 힘을 활용해서 사랑을 전파하기로 했습니다.

　당당하게 방해꾼들에 맞서 지팡이의 힘을 빌려 진심을 전한다면, 분명 그들의 마음을 돌려놓을 수 있지 않을까요?

　그리하여 동료들과 협력해서 마법의 지팡이를 일곱 개 만들었습니다. 일곱 왕국에 하나씩 전해주기 위해서였습니다. 윌리엄은 자신을 괴롭혔던 사람들을 한 명씩 따로 만나서 선물을 주었습니다. 그는 신중함과 외교적인 지혜로 그들의 두려움을 누그러뜨리고 아군으로 만들 계획이었습니다. 자신의 입장을 지키되 열린 마음으로 임하여 부디 그들도 같은 마음으로 화답해주길 바랐습니다.

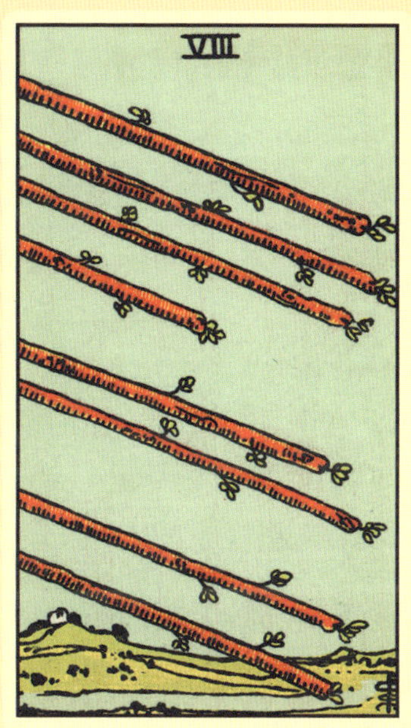

완드 8번 EIGHT OF WANDS

주제 : 속도, 움직임, 시야 넓히기, 휩쓸림

몇 달 동안 윌리엄은 눈코 뜰 새 없이 바빠서 마치 소용돌이에 휘말린 듯한 기분이었습니다. 반대자들의 마음을 돌리고 호감을 사기 위해 그는 일곱 왕국을 직접 방문하기로 했습니다. 새로운 영토를 탐색하고 각 왕국의 중심부로 깊숙이 들어가는 데 대부분의 시간을 길 위에서 보내게 된다는 뜻이었습니다. 또다시 시야를 넓히고 미래를 긍정적으로 전망하는 배움의 시간이 왔습니다. 모든 일이 빠르게 진행되었지만 일을 벌인 이상 윌리엄은 이제 흐름에 몸을 맡겨야 했습니다.

소통이야말로 모든 것을 푸는 열쇠였기에 윌리엄은 찾아간 사람들 모두와 친해지려고 공을 들였습니다. 유려한 말솜씨로 자신의 뜻을 전하고 모두가 거래 결과에 반드시 만족하도록 세심하게 협상을 이어갔습니다. 그는 처음에 반감을 가졌던 목공들 일부도 아우르고 그들을 제작 과정에 참여시켜 자신의 편으로 끌어들였습니다. 그리하여 그는 모든 왕국에 자신을 위해 일하는 사람들을 거느리게 되었고, 거의 하룻밤 사이에 막강한 영향력을 지닌 인물이 되었습니다. 그에 보답하듯 목공들은 이 일에 온 마음을 쏟았습니다. 일 자체를 사랑했고 손수 만든 지팡이 하나하나를 진심으로 아꼈기 때문입니다.

윌리엄의 목적은 분명했습니다. 지팡이의 마법으로 모든 왕국의 사람들이 화합하는 것이었습니다. 그렇게 그의 꿈은 실현되고 있는 듯했습니다. 그는 전 세계를 통틀어 가장 성공한 인물일 뿐 아니라, 사람들 사이에 다리를 놓고 화합을 이뤄낸 인물이기도 했습니다. 한때 시기심에 짓눌렸던 에너지는 이제 희망으로 가득 차 가벼워졌고, 사람들의 마음도 함께 밝아졌습니다.

"정말 장하다, 아들아." 윌리엄의 아버지가 자랑스럽게 말했습니다. "지금까지도 이렇게 이룬 것이 많은데, 다음엔 또 무슨 일을 해낼지 궁금하구나."

윌리엄이 한숨을 쉬었습니다. "솔직히 저도 모르겠어요. 다음 단계를 생각할 시간도 여유도 없었거든요. 사업도 잘되고 저도 출세했지만 이 모든 게 너무 순식간에 일어나서 정신을 못 차릴 지경이에요."

"그러면 이제 좀 쉬엄쉬엄 하면서 보상을 즐기렴. 누구에게나 한 숨 돌릴 틈이나 재충전할 시간은 필요한 법이란다."

월리엄도 같은 생각이었지만 왠지 아직 그럴 때가 아닌 것 같았습니다. 직감적으로 그가 예상치 못한 일이 다가오고 있음을 느꼈고, 그래서 깊은 불안감에 휩싸였습니다.

완드 9번 NINE OF WANDS

주제 : 기진맥진, 피로, 회복력, 최후의 결전

날이 갈수록 윌리엄은 점점 더 지쳤습니다. 마치 먹구름이 머리 위를 맴돌면서 숨 쉴 때마다 그를 내리누르는 것처럼 느껴져 끔찍하게 두려웠습니다. 그러던 어느 날, 난데없이 재앙이 들이닥쳤습니다. 머나먼 나라의 낯선 남자가 나타나 윌리엄이 만든 것이 아닌 지팡이를 휘두르고 있었습니다. 그의 몸짓에는 어딘가 음험한 구석이 있었지만 무엇보다 걱정스러운 점은 그가 쥐고 있던 지팡이였습니다. 지팡이에 새겨진 문양들이 신성하지도 않았고, 선한 마법이 깃들어 있는 것도 아니었습니다. 오히려 사악하고 치명적인 것이기에, 윌리엄은 보자마자 이 자가 원하는 것은 평화가 아님을 알았습니다.

"지팡이 장인이여, 자네가 그렇게 부르니 내 그렇게 부르도록 하지." 그가 윌리엄에게 고함치듯 말했습니다. "나는 마법의 지팡이를 만든다고 주장하는 자를 보러 여기까지 왔다!"

"정말 잘 오셨습니다, 어르신. 기꺼이 제 물건을 보여드리지요." 윌리엄이 대꾸했습니다. 상냥함과 솔직함으로 이 상황을 잘 넘어갈 수 있다면 그는 그렇게 할 셈이었습니다.

남자는 미소를 지었지만 그 미소에 온기는 없었습니다.

"자네 뭔가 오해하고 있군. 나는 자네가 만든 것을 보거나 즐길 마음이 없네. 자네는 마법을 일반인들에게 천기누설 했지. 절대로 나눠서는 안 되는 비기를 모두에게 보여주었어. 가증스러운 죄인인 자네를 막으러 왔으니, 대결을 신청하겠네."

윌리엄은 너무나 떨렸습니다. 이런 날이 올까 봐 두려워하고 있었기 때문입니다. 계속되는 격무로 지치고 피곤한 그에게 이런 적을 상대할 힘은 없었습니다. 대결에서 지고 그동안 공들인 노력이 모두 물거품으로 돌아갈 게 분명했습니다. 하지만 어쩌겠어요. 최후의 결전에 임기응변으로라도 대처해야 했습니다.

그렇게 해서 대단한 마지막 결전의 무대가 마련되었습니다. 잿빛 남자는 물러설 생각이 없었습니다. 뼛속까지 피로가 스며들어 있었지만, 윌리엄은 내면 깊숙한 곳에서 다시 힘을 끌어올려 그와 맞설 회복력을 찾아야 했습니다.

지팡이를 든 두 사람은 일대일로 마주보고 섰습니다. 윌리엄의 지팡이에는 사랑이 깃들어 있었고 그가 아끼는 모든 것을 보호할 준비가 되어 있었지만, 잿빛 남자는 전혀 다른 의도를 품고 있었습니다.

무시무시한 전투가 시작되었습니다. 잿빛 남자가 지팡이를 휘둘러 사방으로 번개를 내리꽂자 주변이 황폐해졌습니다. 건물이 와르르 무너지고 지붕이 내려앉고 불덩이가 마을을 강타했습니다. 그럼에도 윌리엄은 꿋꿋이 버티며 결의를 단단히 다졌습니다. 그는 자신의 능력과 자신이 만든 지팡이의 마법을 믿었습니다.

잿빛 남자를 막고 더 이상 자신을 보호할 수 없게 되었을 때, 모든 것을 구하기 위한 최후의 시도로 심호흡을 한 다음 지금과는 전혀 다른 장면을 마음속에 그려보았습니다. 윌리엄은 자신이 이루고자 했던 것, 자신이 꿈꾸던 평화의 모습을 떠올렸습니다. 그러자 잿빛 남자는 윌리엄의 마음속 선함에 압도되어 패배하고 말았습니다. 지팡이의 벽에 둘러싸인 채 윌리엄이 부상당한 몸으로 마지막 주문을 외우자 사랑의 힘이 터져나왔습니다.

완드 10번 TEN OF WANDS

주제 : 의무, 부담, 노고, 중압감

윌리엄은 여행 중에 습득한 신성한 지식 전부를 동원하여 주문을 걸었습니다. 그가 불러일으킬 수 있는 무기 중에 가장 강력한 것이 었습니다. 사랑의 힘은 온 마을과 왕국을 휩쓸고 지나가면서 남자를 땅바닥에 쓰러뜨리고 윌리엄까지 압도했습니다. 순간 윌리엄의 마음속에 있던 적의가 사라지고 그 자리에 공허함이 들어섰습니다. 남자는 허둥대며 도망쳤고, 윌리엄은 자신이 왜 여기 와 있는지, 뭘 하고 있었는지 기억이 나지 않았습니다. 윌리엄의 마법이 그 정도로 강력했던 것입니다.

싸움은 끝났지만 마을과 인접 도시가 큰 타격을 입었습니다. 집이 무너지고 담장과 건물이 내려앉아 재건하려면 할 일이 태산이었습니다. 이 참사가 온전히 자신의 탓인 것만 같아서 윌리엄은 몹시 괴로웠습니다. 책임지고 모든 것을 바로잡아야 한다는 생각에 윌리엄은 발 벗고 나서서 재건에 착수했습니다.

윌리엄은 각종 연장을 그러모으고 자신의 지팡이 무더기를 한 아름 안은 채 마을로 이어지는 언덕을 터덜터덜 올라 모든 것을 다시 짓기 시작했습니다. 더딘 과정이겠지만 윌리엄은 밤낮으로 일할 각오가 되어 있었습니다. 완전히 녹초가 된 몸에 마음도 무거웠지만, 이 일은 그가 해야만 했습니다.

고된 시간이 이어지고 더는 못 하겠다는 생각이 들기도 했습니다. 몸에 안 아픈 곳이 없었고 손에 굳은살도 박이고 피도 나는 데다 마음까지 암울했습니다. 마을 사람들 중에 돕겠다고 나선 이들도 더러 있었지만, 대부분은 구경만 하거나 구석에 숨어 수군거리기만 했습니다. 마을이 이렇게 된 게 윌리엄 탓이라고 생각했기 때문에, 그들의 마음이 풀리기까지는 시간이 걸릴 터였습니다.

몇 주에 걸쳐 매일 새벽에 일어나 해질녘까지 일하며 인내한 결과, 더디긴 해도 눈에 띄게 마을 사람들의 마음이 동요하고 있었습니다. 윌리엄이 얼마나 신경을 쓰고 있는지, 얼마나 마음 아파하고 있는지를 보았던 것입니다. 또한 윌리엄의 정신력과 의지력도 인정하게 되었습니다. 얼마 안 가 추종자 무리가 윌리엄의 노력에 동참했습니다. 추종자들은 팀을 이루어 연장을 나르고 공들여 담장을 다시 세우고 지붕을 수리했습니다.

가을이 오자 마을과 도시가 다시 온전해졌습니다. 더 나아졌다고 말하는 사람들도 있었습니다. 가장 오래된 건물 중에는 전보다 튼튼해진 것도 있었고, 비교적 최근에 지어진 건물 중에는 외관과 양식이 한결 나아진 것도 있었습니다. 고쳐진 것은 건물만이 아니었습니다. 윌리엄의 평판 또한 회복되어 마을 사람들과 성문 안 사람들 모두 이번 일로 많이 배웠다고 인정했습니다.

완드 페이지 PAGE OF WANDS

주제 : 낙천주의, 묘안, 에너지, 열심인 청년

겨울이 지나 밝고 눈부신 날이 돌아왔습니다. 새싹이 땅을 뚫고 돋아나 태양을 만났고, 개중에는 꽃 피울 준비가 된 작은 꽃봉오리를 품고 있는 싹도 있었습니다. 봄이 완연해지면서 이른 아침에 부는 산들바람에는 낙관적인 기운이 묻어났습니다.

새로운 계절의 도래는 마을에 새로운 이의 등장 또한 알렸습니다. 눈빛이 반짝이는 앳된 홍안의 소년이었습니다. 깃털이 꽂힌 모자를 쓰고 환한 색 튜닉을 입은 소년은 나뭇잎이 달린 기다란 지팡이를 들고 있었습니다.

"저는 이 왕국 최고의 지팡이 장인의 제자가 되어 지팡이 만드는 법을 배우기 위해 왔습니다." 소년은 멈춰 서서 귀를 내어주는 모든 이에게 말했습니다.

소년은 하루빨리 충성과 열정을 맹세하지 못해 안달인 듯 보였고, 몸가짐이나 입고 있는 옷으로 보건대 부유한 집안의 자제인 것이 분명했습니다. 머리가 매우 좋아 뭐든 빨리 배우는 이 청년은 무엇이든 최상급에 익숙한 모습을 보였는데, 윌리엄이 이를 놓칠 리 없었습니다.

"자네의 운명을 찾겠다고 그토록 어린 나이에 집을 떠났는데도 자네 부모님은 괜찮다고 하시는가?"

"제 부모님은 제가 무엇을 해낼지 보시면 되려 기뻐하실 겁니다. 두 분이 정해주신 길이 있지만, 저는 저만의 계획이 있거든요."

소년의 의지가 분명해 보여 윌리엄은 그의 정신을 높이 평가하지 않을 수 없었습니다. 꿈을 이루기 위해 고향의 안락함을 버리고 모험을 떠났던 예전의 자신이 떠올랐습니다.

"내가 알고 있는 모든 것을 기꺼이 자네에게 가르쳐주겠네. 대신 집에 전갈을 보내야 해. 자네가 지금 어디에 있는지, 계획이 어떻게 되는지를 알려드리게. 지금 안전한 곳에서 보살핌을 받고 있고 나와 여름 내내 함께 있을 거라고 말이야."

그리하여 윌리엄에게는 본인 못지않게 영리하고 창의적인 제자가 생겼습니다. 소년은 일을 병행하면서 윌리엄이 공부한 것을 모조리 공부했고, 윌리엄의 기교를 따라하고 연습하며 완성해갔습니다.

소년은 마침내 더 이상 받아들일 것이 없게 되었습니다. 사소한 것 하나까지 놓치지 않고 모든 것을 집어삼켰고, 이제는 자신의 업적을 남기고 싶어 몸이 근질근질했습니다.

"스승님, 이제 때가 온 것 같습니다. 저도 제 아이디어를 낼 준비가 되었습니다."

"혹시 염두에 두고 있는 것이 있는가?" 윌리엄이 물었습니다.

"네." 소년이 환하게 미소를 지었습니다. "하지만 먼저 제 가족을 불러와야겠습니다. 스승님께서 제 가족을 만나보셨으면 합니다."

완드 나이트 NIGHT OF WANDS

주제 : 열정, 직관에 따른 행동, 자신감 넘치고 모험심 강한 청년

윌리엄의 눈에는 그 순간 소년이 남자가 된 것처럼 느껴졌습니다. 그의 제자는 자신만만해 보였습니다. 눈빛 속에만 머물던 빛이 이제는 심장에서 활활 타오르는 불꽃이 된 것 같았습니다.

소년은 가족에게 마을로 오라고 전갈을 보냈으며, 따뜻한 환대를 받게 될 것이라는 말도 전했습니다. 가족들이 마을에 도착한 당일, 소년은 맞이할 준비를 했습니다.

"제가 말을 타고 나가서 가족들을 맞이하겠습니다. 다들 제가 그렇게 할 거라고 예상하고 있을 거에요. 하지만 먼저 옷을 갈아입어야겠어요. 작업복 차림으로 가족들을 맞이할 순 없으니까요."

윌리엄은 고개를 끄덕였습니다. 얼마 후, 소년이 나타나자 며칠 전 눈에 띄었던 변화가 한층 더 두드러져 보였습니다. 자신감 있게 고개를 꼿꼿이 쳐든 자세가 발레리노 같이 우아하면서도 갑옷 차림의 떡 벌어진 몸집은 강인해 보였습니다.

소년의 노란색 겉옷에는 도롱뇽 무늬가 있었는데, 윌리엄은 그 무늬를 보고 불의 원소와 함께 왕족을 떠올렸습니다. 왕과 왕자만 입을 수 있는 색깔과 디자인이었기 때문입니다. 윌리엄은 한 발짝 물러나 무릎을 꿇었습니다.

"폐하!"

이름 그대로의 존재인 완드의 기사가 손을 들어 올렸습니다.

"부탁드리건대 저 때문에 고개 숙이지 말아 주십시오. 고개를 숙여야 하는 것은 오히려 접니다. 스승님은 저를 받아들여 알고 계신 모든 것을 가르쳐주시고 제가 어른이 되도록 도와주셨습니다. 오히려 제가 정말 큰 신세를 졌습니다. 신분을 밝히지 않아서 정말 죄송합니다. 저는 그저 제 마음이 이끄는 대로 움직여 잠시라도 평범한 삶을 살면서 기술을 배우고 싶었을 뿐입니다. 스승님께서는 제게 그걸 다, 아니 그보다 훨씬 많은 것을 주셨습니다."

기사는 그 자리에 못 박힌 듯 서 있었습니다. 그의 지팡이는 창에 더 가까운 모양을 하고 있었는데, 창의력이 풍부한 마음에서 아이디어가 샘솟듯 지팡이에는 새잎이 돋아나 있었습니다.

"황송하옵니다." 윌리엄이 고개를 저었습니다. "그동안 내내 제가 모신 분이 기사가 아니라, 왕자님이었다니요."

"그게 바로 제가 바라던 바였습니다. 스승님의 작품은 훌륭하고 목적 또한 진심이셨습니다. 스승님께서 무엇을 만들기 위해 애를 쓰고 계신지 제가 알았으니, 이제 스승님도 작위를 받으실 때가 된 것 같습니다."

기사는 돌아서서 말에 올라탔습니다. 밤색 말이 히힝 울면서 앞다리를 모두 들어 올렸습니다.

"이 녀석이 이렇게 보채니 저도 이만 가야겠습니다!"

"안녕히 가십시오, 훌륭한 기사님." 윌리엄이 외쳤지만, 기사는 이미 흙먼지만 휘날리고 사라진 뒤였습니다.

완드 퀸 QUEEN OF WANDS

주제 : 아량, 창의력, 용기, 똑똑한 여성사업가

완드의 기사는 멀리 가지 않아 왕실 수행단과 만났습니다. 그들은
마을에서 몇 마일 떨어진 곳에서 이미 하룻밤 야영을 한 후였습니
다. 기사는 자신이 어떤 대접을 받을지 알 수 없었습니다. 어쨌든 왕
족의 신분으로 이런 일을 하는 것이 정상적인 관행은 아니었기 때문
입니다. 하지만 부모님이 자신에게 일어난 변화를 알아봐주기를 바
랐습니다.

도착해보니 여왕이 활력을 상징하는 해바라기를 들고 힘을 상징하는 사자가 화려하게 새겨진 황금 왕좌에 앉아 그를 기다리고 있었습니다. 여왕은 자신의 기백에 어울리는 반짝이는 로브를 입고 있었습니다.

"아들아." 여왕이 다정하게 말했습니다. "아니, 내가 지금 들고 있는 해바라기처럼 집을 떠나 있는 동안 훌쩍 컸으니 어엿한 청년으로 대해야겠구나."

기사는 고개 숙여 인사하며 미소를 지었습니다. "많은 것을 배웠습니다. 대단한 모험이었습니다."

"보아하니 그런 것 같다. 무엇을 배웠는지 내게 말해다오. 하나도 빼놓지 말고 모조리!"

기사는 지금까지 겪었던 이야기로 여왕을 즐겁게 해주었습니다. 스승 윌리엄에 대해, 윌리엄이 어떻게 마법의 지팡이를 만드는지에 대해 여왕에게 말해주었습니다. 그 지팡이에는 사랑과 행복이 깃들어 있어서 사람들을 하나 되게 하고 어떤 불화든 해소해준다고 설명하자 여왕은 탄복했습니다. 창의적인 영혼을 지닌 여왕의 호기심이 동했습니다.

"나는 늘 꿈을 좇는 것이 옳다고 믿어왔단다. 반드시 하겠다고 목표 삼은 것이 있으면 그 목표를 이루기 위해 있는 힘을 다해야만 하는 법이지."

윌리엄의 이야기에 깊이 공감한 여왕은 감사의 뜻을 전해야겠다고 생각했습니다. 여왕은 늘 날카로운 통찰을 지닌 빈틈없는 사람이었고 똑똑한 사업가이기도 했습니다.

여왕이 손뼉을 쳤습니다. "그 지팡이를 나도 봐야겠다! 나도 하나 갖고 싶어질 것 같구나. 난 언제나 스스로를 강한 여자라고 생각했으니까."

아들이 소리 없이 활짝 웃으며 말했습니다. "저도 동감하는 바입니다."

"그러면 우리는 이 사람이 지금까지 한 모든 일과 앞으로 하고자 하는 모든 일에 대해 보답을 해야겠구나." 여왕이 득의만면하여 말했습니다. "보아하니 우리 둘 다 기쁨으로 하나 된 왕국을 바라고 있는 것 같으니 말이야. 윌리엄이 지팡이의 힘을 통해 화합의 메시지를 전파할 수 있도록 내가 힘닿는 데까지 돕고 싶구나."

기사가 다시 한번 고개를 숙였습니다. "그러면 아버지께 알현을 요청한 다음 두 분을 모시고서 스승님을 뵙겠습니다."

여왕이 왕좌에서 일어섰습니다.

"고맙다. 하지만 가기 전에 마지막으로 한 가지 부탁하마." 여왕이 잠시 말을 멈췄습니다. "이리 와서 이 어미를 안아주렴."

완드 킹 KING OF WANDS

주제 : 리더십, 권위, 명예, 선견지명 있는 사람

왕족 일행이 얼마 안 가 윌리엄이 사는 마을에 도착하자 일대에는 큰 소동이 일었습니다. 성 안 사람들과 마을 사람들 모두 화려하게 차려입은 왕실의 행렬을 보겠다고 모여들었기 때문입니다. 그들은 깃발과 배너를 흔들며 과일과 꽃이 든 바구니를 선물로 가지고 와서는 거리 양옆에 늘어섰습니다. 피리 부는 사람이 피리를 불고 작은 합창단이 모여 왕과 왕비에게 경의를 표하는 노래를 불렀습니다.

왕은 마차에서 내리자마자 작은 광장에 왕좌를 마련하고 윌리엄이 도착하기를 기다렸습니다. 붉은색 플러시 천으로 만든 로브를 입고 도롱뇽 장식의 망토를 걸친 왕은 어느 모로 보나 선견지명 있는 지도자로 보였습니다. 그의 왕좌 역시 왕 못지않게 인상적이었습니다. 등받이에는 커다란 도롱뇽들이 새겨져 있었는데, 이는 불의 원소, 왕의 추진력과 리더십을 상징했습니다.

왕이 직접 방문하는 것은 어마어마한 영광이었기에, 윌리엄은 잘 보이고 싶은 마음에 초조해졌습니다. 그래서 가장 좋은 지팡이를 윤이 나게 닦고 가장 좋은 옷을 입은 다음 광장으로 향했습니다.

왕은 공정하고 정직하며, 주저 없이 앞장서는 지도자였습니다. 그는 늘 마음속에 사명을 품고 있었습니다. 그는 지체 없이 윌리엄의 노고와 왕자를 돌봐준 일을 치하했습니다. 솔직 담백하고 권위 있는 태도로 말하는 왕의 모든 질문에 윌리엄은 귀를 기울이고 성실히 대답했습니다. 그러고 나서 요청에 따라 자신의 지팡이를 뒤로 물린 다음 간단한 주문을 걸었습니다. 잠시 후 주변이 새소리와 나비로 가득했습니다. 왕실 수행단은 이 신묘한 재주를 보고 경탄하며 환호했습니다.

왕이 왕좌에서 내려왔습니다.

"내 그토록 아름다운 지팡이는 본 적도 없고, 긍정적으로 쓰일 수 있는 도구를 들어본 적도 없다. 과거의 막대기들은 무기로 쓰였지만 네 물건은 평화에 뿌리를 두고 있음이 분명하구나."

윌리엄은 더욱 자세히 살필 수 있도록 그 지팡이를 왕에게 진상했습니다.

"윌리엄, 내 앞에 무릎을 꿇어 주시겠소?"

왕이 미소를 짓더니 지팡이로 윌리엄의 양 어깨를 가볍게 톡톡 두드렸습니다. "일어나라, 윌리엄 경. 그대의 업적을 인정하여 짐이 그대에게 내릴 수 있는 최고의 영광을 내리노라."

군중이 함성을 지르자 윌리엄은 환하게 웃지 않을 수가 없었습니다. 지난날 겪었던 갖은 고난이 모조리 잊혀지고, 고생한 보람을 느꼈습니다. 막연하기만 했던 꿈이 이루어지고 나니 마냥 행복했습니다.

왕이 고개를 끄덕였습니다. "그대 안에는 짐과 마찬가지로 매우 훌륭한 인간이 보인다. 그대는 그대가 원하는 것과 그것을 얻는 방법을 알고 있으며, 목적을 위해서라면 그 어떤 것에도 마음이 흔들리지 않는 강인함을 지녔다. 그러니 짐과 함께 자랑스러운 왕국을 만들어 보도록 하자."

두 남자의 악수로 거래가 성사되었고, 그 이후로 윌리엄의 사업은 계속 승승장구했습니다. 지팡이는 어디서나 화합과 어울림의 상징으로 통했으며 왕국은 번영했습니다.

끝맺는 글

타로는 겉으로는 수수께끼처럼 보일 수 있지만, 카드에 분명 마법이 숨 쉬고 있다. 결국 타로가 시대를 넘어 살아남고 번성하며 진화해온 데에는 그만한 이유가 있다. 상류층의 살롱에서 즐기던 단순한 오락이 신비주의자들과 점쟁이들이 사용하는 점술 도구로 자리매김한 것이다. 우리의 잠재의식에 울림을 주고 숨겨진 마음 한 구석을 밝혀준다는 점이 타로의 인기 비결 중 하나다. 여기에 더해, 점을 치거나 받아보는 행위가 지닌 신비로움과 즐거움 역시 한몫한다고 할 수 있다.

타로에는 언제나 예상치 못한 무언가가 있다. 어떤 비밀이 드러날지, 혹은 미래에 어떤 흥미진진한 일이 일어날지 누가 알겠는가. 카드에 대해 알면 알수록 마음을 사로잡히게 되는데, 바로 그때 이 책 속의 이야기들이 길잡이가 될 것이다. 이야기는 각 카드가 지닌 의미에 남다른 통찰력을 부여해 영적이고 정서적으로 교감하도록 돕는다. 이야기를 통해 덱에 생명을 불어넣는 것은 오늘날 타로의 의의를 이해하고, 각 카드가 지닌 힘을 개인적인 차원에서 활용하는 데 도움이 된다.

물론 이야기를 단순히 읽고 이해하기만 해서는 안 된다. 그 안에 담긴 주제를 스스로 소화하고 자신의 상황에 적용해서 현실화해야 한다. "이 이야기가 내 인생과 어떻게 맞닿아 있지?", "이 이야기의 어떤 부분이 나에게 울림을 주지?"와 같은 질문을 해보는 것이다. 그리고 가장 중요한 질문인 "이 이야기의 핵심 메시지는 무엇일까?"를 물어야 한다.

조용히 자아성찰과 명상의 시간을 보내면서 각 카드가 지닌 힘과 교감할 수도 있다. 이미지를 응시하면서 머릿속으로 이야기를 되새기고, 그 과정에서 무엇이 펼쳐질지 두고 보라. 몽상에 빠지기도 하고 타로의 풍경 속에서 길을 잃어 보기도 하라.

자신이 주인공이라고 상상해도 좋고, 주변 인물이라고 상상해도 좋다. 이야 기에 자신을 대입하다 보면 새로운 통찰이 드러날 것이다. 어느 쪽이든 해당 카 드가 당신에게 전혀 다른 의미로 다가올 것이다. 각 이야기를 당신만의 언어로 다시 풀어보는 것도 카드와 더욱 깊이 교감하는 데 도움이 될 것이다. 영감이 떠 오른다면 자신만의 관점을 적용해보거나 전혀 다른 이야기를 만들어보는 것도 좋다. 타로의 놀라운 점은 어떤 방식으로든 원하는 대로 카드를 가지고 놀 수 있 다는 것이다. 그러다 보면 그 덱과 당신만의 관계가 더욱 깊어질 것이다.

명심해야 할 점은 이 과정을 즐기는 것이다. 책장을 한장 한장 넘기며 천천히 각 이야기에서 재미와 기쁨을 찾을 것! 서두를 필요가 전혀 없다. 상상력을 충분 히 발휘해서 카드가 당신을 어디로 이끄는지 지켜보면 된다. 어디에 이르든 당 신은 틀림없이 대서사시 같은 타로 모험을 경험하게 될 것이다.

참고 문헌

브리짓 에셀몬트
『타로 카드가 지닌 의미에 대한 궁극의 지침서(The Ultimate Guide to Tarot Card Meanings)』

메리 K. 그리어
『나만의 타로(Tarot for Your Self)』

앤서니 루이스
『타로 심화과정: 카드 뒤에 숨은 의미를 더욱 깊이 이해하는 법
(Tarot Beyond the Basics: Gain a Deeper Understanding of the Meanings Behind the Cards)』

사샤 펜튼
『타로카드로 보는 운세(Fortune Telling by Tarot Cards)』

헌사

　　이 책에 각고의 노력과 전문지식을 쏟아 부어준, 함께 일하기에 가장 즐겁고 사랑스러운 우리 편집자, 클로이 머피에게 감사합니다. 이 특별한 책이 형태를 잡게 도움을 준 디자이너를 비롯하여 쿼토의 나머지 팀원분들에게도 감사를 전하고 싶습니다.

　　수년간 배움을 전수해준 모든 타로 리더들, 카드와 함께한 내 여정을 독려해준 분들에게도 감사한 마음을 전합니다. 타로는 제 평생의 열정이었습니다. 메이저 아르카나와 마이너 아르카나가 지닌 마법의 힘에 굴복한 다른 모든 이들과 마찬가지로, 저 또한 앞으로도 타로카드에 숨어 있는 이야기들로부터 기쁨과 영감과 지혜를 발굴해 나가겠습니다.

카드별 주제 색인

메이저 아르카나

마이너 아르카나 - 펜타클

이름 · 주제 · 페이지

마이너 아르카나 - 소드

이름 · 주제 · 페이지

마이너 아르카나 - 컵

이름 · 주제 · 페이지

마이너 아르카나 - 완드

저자

앨리슨 데이비스 Alison Davies

영국 노팅엄 출신의 작가이자 스토리텔러, 프리랜서 작가. 지금까지 50권이 넘는 책을 집필했고, 특히 「Be More…」 시리즈로 잘 알려져 있다. 최근에는 소설과 민속학적 요소를 결합한 작품에 집중하여 전문 스토리텔러로서 활동하며, 대학에서 스토리가 어떻게 교육과 학습의 도구로 활용될 수 있는지에 대한 강연을 하고 있다. 하지만 무엇보다 가장 중요하고 힘든 역할은 바로 세 마리 고양이, 지기(Ziggy), 디에고(Diego), 허니(Honey)의 '선택받은 집사'로 살아가는 일이다.

역자

황금진

1975년 수원에서 태어났다. 숙명여자대학교 영문학과를 졸업했으며 현재 전문번역가로 활동하고 있다. 독자 대신 손품을 팔아 시간을 절약해주는 것이 번역가의 할 일이라 생각하며 성실한 자세로 일하고 있다. 옮긴 책으로는 『혼자 있지만 쓸쓸하지 않아』, 『브링 미 백』, 『정말 하고 싶은데 너무 하기 싫어』, 『킬링 이브』, 『호르몬의 거짓말』, 『아내 가뭄』, 『소녀는 왜 다섯 살 난 동생을 죽였을까』, 『런어웨이』, 『개와 영혼이 뒤바뀐 여자』, 『카네기 인간관계론』, 『과소유 증후군』, 『시간을 2배로 늘려 사는 비결』, 『프로젝트 매니지먼트』, 『기업을 키우는 인사결정의 기술』, 『머니: 인류의 역사』 등이 있다.

Tales Behind Tarot

First published in 2023 by Leaping Hare Press
an imprint of The Quarto Group.

Copyright © 2023 Quarto Publishing plc

All rights reserved.
No part of this book may be used or reproduced in any manner whatever without written permission
except in the case of brief quotations embodied in critical articles or reviews.

Korean Transiation Copyright © Dongyangbooks
Korean edition is published by arrangement with Quarto Publishing plc through BC Agency, Seoul.

이 책의 한국어판 저작권은 BC에이전시를 통해 저작권자와 독점계약을 맺은 동양북스에 있습니다.
저작권법에 의해 한국 내에서 보호를 받는 저작물이므로 무단전재와 복제를 금합니다.

타로카드의 탄생

초판 인쇄 | 2025년 11월 20일
초판 발행 | 2025년 12월 10일

지은이 | 앨리슨 데이비스
역자 | 황금진
발행인 | 김태웅
기획편집 | 갈혜진
디자인 | 김지혜, 강재은
마케팅 총괄 | 김철영
온라인 마케팅 | 신아연
제작 | 현대순

발행처 | (주)동양북스
등 록 | 제2014-000055호
주 소 | 서울시 마포구 동교로22길14 (04030)
구입 문의 | 전화 (02)337-1737   팩스 (02)334-6624
내용 문의 | 전화 (02)337-1762   dybooks2@gmail.com

ISBN 979-11-7210-146-6 03180

▶ 잘못책은 구입처에서 교환해드립니다.
▶ (주)동양북스에서는 소중한 원고, 새로운 기획을 기다리고 있습니다.
  http://www.dongyangbooks.com